Herbert Bischof

Schnitt und Veredlung von Obstgehölzen

FRANCKH-KOSMOS

In Zusammenarbeit mit
mein schöner Garten

Vorwort

Gerade in neuerer Zeit ist die Eigenproduktion von Früchten aus dem eigenen Garten wieder Mode geworden. Über sieben Millionen Hobbygärtner beschäftigen sich in Hausgärten, Siedler- und Kleingartenanlagen mit der Kultur von Obstbäumen und Beerensträuchern.

Im sogenannten Naschgarten mit vielen verschiedenen Obstarten während der langen Zeit der Vegetation Früchte aus dem eigenen Garten ernten zu können, ist der Ehrgeiz vieler gestreßter Menschen. Gerade die Arbeit in freier Natur im eigenen Garten bringt für viele Menschen den notwendigen Ausgleich und wirkt sich bei der vielen Freizeit positiv auf die Hektik des Alltags und auf die Psyche aus. Ein weiterer Gesichtspunkt ist die heute gesundheitsbewußtere Ernährung und nicht so sehr die wirtschaftliche Bedeutung.

Es gibt keinen Zweifel darüber, daß Obstgehölze behandelt, das heißt geschnitten werden müssen. Aber über das Wie, Wann und Wo streiten sich auch die Obstbauprofessoren, da jedes Gehölz ein Individuum darstellt, das zur jeweils richtigen Zeit je nach Standort, Alter, Unterlage, Sorte, Obstart etc. speziell behandelt werden muß.

Dieses Buch soll Hilfestellung für Obstliebhaber und Hobbygärtner geben. Man darf nicht der falschen Meinung verfallen, daß nur durch Schnittmaßnahmen alleine gute Erträge zu erzielen sind. Auch Standort, Nährstoffangebot, Pflanzenhygiene und Pflanzenschutzmaßnahmen sind die Grundvoraussetzungen für den Erfolg.

Durch falschen Schnitt wird oft mehr Schaden angerichtet als Nutzen erlangt. Es hat sich herumgesprochen, daß Qualität und Quantität der Früchte weitgehend von Schnittmaßnahmen beeinflußbar sind. Jeder Gartenliebhaber möchte seinen Gehölzen die beste Pflege angedeihen lassen und stellt sich immer wieder die Frage, wie er seine Obstbäume und -sträucher schneiden soll.

Aber auch das Aufpfropfen (Veredeln) widerstandsfähiger, neuer Sorten ermöglicht es dem Hobbygärtner, sein Sortiment zu erweitern und zu ergänzen und so den Naschgarten noch begehrenswerter zu machen. Auch Befruchtungsprobleme lassen sich durch das Aufpfropfen einer Bestäubersorte schnell und einfach lösen. Die Technik des Veredelns kann leicht erlernt werden, bringt man nur etwas Mut und guten Willen mit.

Dieses Buch enthält alles Wissenswerte über das Schneiden der Obstgehölze und die gebräuchlichsten Veredlungstechniken. Dem Benutzer kommt dabei die reiche Praxiserfahrung des Autors zugute, der seit über 30 Jahren in der Obst- und Gartenbauberatung tätig ist und selbst einen Obstbauversuchsbetrieb leitet.

Oberteuringen, Herbst 1993
Herbert Bischof

Rund um den Apfel

So alt wie die Menschheit, so alt sind die mythologischen, magischen und historischen Betrachtungen rund um den Apfel. Apfelkerne und -schalen, die bei Ausgrabungen von Pfahlbausiedlungen am Bodensee und an Schweizer Seen gefunden wurden, sind die ersten Kunden für das Sammeln von Äpfeln in unserem Raum. Diese waren wohl recht sauer und hatten wie die Hagebutte viel Kerngehäuse und kaum Fruchtfleisch.

Auf babylonischen Tontafeln und ägyptischen Papyrusrollen finden sich bereits viele Jahre vor unserer Zeitrechnung Darstellungen von Äpfeln. Über Griechenland gelangten sie nach Rom, dessen Soldaten sie mit nach Gallien brachten, um sich das Leben inmitten der Barbaren so süß wie möglich zu gestalten. Sie brachten den Galliern und Germanen nicht nur die von diesen sehr geschätzten verschiedenen Apfelsorten, sondern vor allem auch die Kunst des Veredelns. Wie beliebt der Apfel bei den Germanen war, mag daraus abgeleitet werden, daß sie den Namen ihres Holzapfels, der im althochdeutschen „Aphul" hieß, auf den römischen Apfel (Malus) übertrugen und dieser deshalb die einzige Obstgattung mit germanischem Namensursprung ist.

Sowohl in der griechischen als auch in der germanischen Mythologie sind immer wieder Äpfel erwähnt. Immer galt der Apfel als Symbol der Liebe, der Fruchtbarkeit und der ewigen Jugend.

> »Durch dieser Äpfel Tugend
> bleiben sie frisch und jung,
> bis an das Ziel der Zeiten,
> der Götterdämmerung«

Kein moderner Werbespruch, sondern ein Zitat aus den germanischen Göttersagen, wo der Genuß von Äpfeln den Göttern vorbehalten war und ihnen ewige Jugend verlieh. In der christlichen Religion ist der Apfel, seit Eva ihren Adam davon naschen hieß, das Symbol der Versuchung, der Verführung und der Sünde schlechthin.

So läßt auch Goethe seinen Faust zweideutig säuseln:

> »Einst hatt ich einen schönen Traum:
> Da sah ich einen Apfelbaum
> Zwei schöne Äpfel glänzten dran
> Sie reizten mich, ich stieg hinan.«

Daß der Apfel nicht weit vom Stamm fällt, läßt sich schwerlich verbergen, wenn in der gleichen Szene die Hexe recht eindeutig dem Teufel erwidert:

> »Der Äpfelchen begehrt ihr sehr,
> Und schon vom Paradiese her
> Von Freuden fühl ich mich bewegt,
> Daß auch mein Garten solche trägt.«

„Beiß nicht gleich in jeden Apfel", mahnt der Volksmund, wenn er etwas „madig" machen will. Auch, daß irgendwo der Wurm drinsteckt, ist eine geläufige Redewendung mit Bezug zum Apfel. Daß die Äpfel aus Nachbars Garten wohl schon früher die köstlichsten aller Früchte waren, läßt eine Verordnung des Fürsten zu Fürstenberg aus dem Jahr 1802 erkennen, wo es unter anderem heißt:

> »Wer in eingemachten Gärten Obst stiehlt, es sey viel oder wenig, das Obst sei an Bäumen oder auf der Erde, der soll wie ein wahrer Dieb behandelt, und das erstemahl vor die Kirche mit der Schandtafel: „Du solst kein Obst stehlen" ausgestellt werden; im Wiederhollungsfalle wird ein solcher Garten- und Obstdieb mit vierteljähriger Zuchthausstrafe mit Willkomm und Abschied gestraft.«

Doch rund um den Apfel sind auch viele Rezepte und Diäten entstanden, vor allem wenn mit diesen runden und gesunden Früchten zu üppigen Rundungen der Kampf angesagt wird.

»One apple a day, keeps the doctor away«, ist ein altes englisches Sprichwort, das meint, mit einem Apfel täglich wäre der Doktor entbehrlich. Denn ein Apfel mit der Schale gegessen, enthält Vitamine und biologische Substanzen, die die Leber bei der Entgiftung schädlicher Substanzen unterstützen. Den hohen Pektingehalt geschälter und geriebener Äpfel macht man sich bei Durchfallerkrankungen zunutze, wohingegen der regelmäßige Genuß ungeschälter Äpfel dem Körper wichtige Ballaststoffe zuführt. Für die Nerven ist der hohe Gehalt an Eisen und Kalzium günstig.

Alles in allem eine runde Sache rund um den Apfel!

Wissenswertes vorweg

Was ist eigentlich Obst?

Als Obst bezeichnet werden Früchte oder Samen von mehrjährigen Pflanzen, die meist verholzt oder zumindest teilverholzt sind, wie z.B. die Erdbeere. Durch Züchtung wurden und werden auch noch heute ursprüngliche oder alte Arten und Sorten verbessert, indem die guten Wuchs- und Geschmackseigenschaften weiter verstärkt, die schlechten Eigenschaften jedoch möglichst „weggezüchtet" werden. Diese verbesserten Sorten finden wir in den Obstplantagen wieder, wo sie erwerbsmäßig auf großen Flächen angebaut werden.
„Wildfrüchte" erntet man an ihren natürlichen Stand-

Die Quitte zählt zum Kernobst wie Apfel und Birne. Ihre Früchte verbreiten einen wunderbaren Duft.

Die Haselnuß gehört zum Schalenobst.

orten in Wald und Flur oder im eigenen Garten, wenn dort ein Wildobstgehölz Platz gefunden hat.
Die bei uns vorkommenden Obstarten werden in folgende Gruppen eingeteilt:
Kernobst: Zum Kernobst zählen Äpfel, Birnen, Quitten, aber auch Mispeln und Ebereschen. Im mit einer Schale versehenen Fruchtfleisch sind in einem Kernhaus die Samen ausgebildet.
Steinobst: Aprikosen, Kirschen, Mirabellen, Renekloden, Pflaumen und Pfirsiche gehören zum Steinobst. Ein 'Stein' (der Same) liegt in einer fleischigen Schicht mit Fruchtschale.
Schalenobst: Haselnüsse, Mandeln und Walnüsse sind Schalenobst. Der eßbare Teil

der Frucht ist von einer harten Schale umgeben.

Beerenobst: Himbeeren, Brombeeren, Heidelbeeren, Stachelbeeren, Johannisbeeren, Preiselbeeren, Erdbeeren und auch die Weintraube werden zum Beerenobst gezählt. Beeren enthalten im Fruchtfleisch mehrere Samen, außer bei Erdbeeren, wo die Samen als kleine Nüsse der Beere aufliegen.

Ist Gehölzschnitt überhaupt notwendig?

Daß Obstbäume und Beerensträucher geschnitten werden müssen, darüber gab es noch nie Zweifel. Aber das Wann und vor allem das Wie verursacht nicht nur dem Hobbygärtner Kopfzerbrechen, sondern schon viele Obstbauprofessoren waren sich über das Ausmaß des Schnittes an einem Gehölz nicht einig.

Jeder Baum oder Strauch stellt ein Individuum dar, das besonders verstanden und behandelt werden muß. Das Schnittausmaß richtet sich nach dem Standort des Baumes, der Kronenform, der Unterlage, der Art und Sorte sowie dem Alter des

Baumes. Bei Sträuchern wird das Schnittausmaß danach bestimmt, ob abgetragene und zu eng stehende Triebe entfernt werden müssen.

Hauptzweck des Schnittes ist die Produktion von Früchten mit hoher Qualität. Der Schnitt dient dem Entgegenwirken des periodischen Tragens (Alternanz, siehe S. 143) und der Begrenzung des Baumes in seiner Höhe und der Astfreiheit seines Stammes.

Schneiden bedeutet, dem Gehölz gezielt Pflanzenteile wegzunehmen und damit sein natürliches Wachstum so zu beeinflussen, daß es möglichst regelmäßig viele Früchte von bester Qualität trägt.

Möglich, daß die Frage „Warum soll man Obstbäume schneiden?" am Anfang eines Schnittbuches etwas provozierend klingt. Von vornherein sollte sich jeder Baumschneider aber im klaren sein, daß er bestimmte Ziele durch den Baumschnitt in der Kronenpflege anstrebt. Nicht nur im Erwerbsobstbau, sondern auch im Hausgarten gelten wirtschaftliche Gesichtspunkte, nach denen der Schnitt am besten durchgeführt wird. Meist nur von kurzer Lebensdauer und wenig sinnvoll sind Modeschnittgags.

Grundlagen des Gehölzschnittes

Die bekannten Reaktionen eines Gehölzes auf bestimmte Eingriffe in sein Wachstum bilden die Grundlagen des Schnittes. Will man diese verstehen, muß man sich also zuallererst mit dem Aufbau und der natürlichen Entwicklung eines solchen befassen.

Die Wurzeln eines Baumes reichen in ihrer Ausbreitung weit über das Kro-

Der schwache Schnitt eines Jungbaumes ist die Voraussetzung für einen reichen Obstertrag.

nenvolumen hinaus und machen bei Hochstämmen z.B. bis zu einem Drittel des gesamten Baumgewichtes aus. Dieses Verhältnis ändert sich bei den sogenannten schwachwachsenden Unterlagen, die oft nur ein oder zwei Hauptwurzeln entwickeln und somit dem Baum auch keine Standfestigkeit geben können. Das Wurzelwachstum ist jahreszeitlich unterschiedlich, der größte Zuwachs erfolgt im Frühjahr und Herbst, während

Ein roter Johannisbeerstrauch (Sorte 'Heros')

sich im Sommer das Wachstum reduziert, um im Winter bei gefrorenem Boden gänzlich aufzuhören.

Gehölze können sich baumartig oder strauchartig entwickeln. Ein Baum entsteht durch die sogenannte Spitzenförderung, d.h. er entwickelt sich mit all seinen Trieben (Stamm, Haupt- und Nebenästen) immer aus der endständigen Knospe (Terminalknospe). Die aus den nicht endständigen Knospen getriebenen Sprosse bleiben meist kurz (Kurztriebe).

Ein Strauch entsteht durch die Basisförderung, d.h. es bilden sich mehrere aus der Basis wachsende Haupttriebe. Da sich diese fortlaufend entwickeln, kann ein Strauch praktisch durch Ersatz von 'Stämmen' verjüngt werden, während man einen Baum nur in der Krone durch Neuaufbau verjüngen kann.

Die im Holzkörper befindlichen Gefäße transportieren Wasser und Nährstoffe, Speicherzellen sorgen für die Vorratshaltung, während die Holzfaserzellen für die Festigkeit zuständig sind. Das Dickenwachstum aller Äste, Zweige und Triebe erfolgt durch das Kambium, wobei dieses nach innen Zellen des Holzkörpers und nach außen Zellen des Rindenkörpers bildet. Nur wo Kambium vorhanden ist, ist ein Verwachsen von Veredlungen und Überwallen von Wunden möglich.

Die Blätter haben für den Baum zwei lebenswichtige Aufgaben zu erfüllen. Durch die Wasserverdunstung wird Wasser mit Nährstoffen in den Leitungsbahnen nachgezogen und so die Ernährung des Baumes sichergestellt. Bei der Assimilation wandeln die Blätter Kohlendioxid und Wasser zu Zucker und Sauerstoff um. Die dazu notwendige Energie liefert die Sonne. Nur was in den Blättern an Zucker gebildet wird, kann in den Früchten gespeichert werden. Für inhaltsstoffreiche Früchte ist deshalb eine ausreichende Anzahl von Blättern notwendig (Blatt/Frucht-Verhältnis).

Bereits ab Juli beginnen unsere Kern- und Steinobstarten mit der Anlage von Blütenknospen, nachdem der Baum die Kurztriebbildung abgeschlossen hat. Ein starkwachsender Baum wird weniger Blütenknospen bilden, da er einen großen Teil seiner Nährstoffe für die Holzbildung benötigt. Wenn die Blüte im Frühjahr erfriert und der Baum keine Früchte trägt, bildet er durch einen Überschuß an entsprechenden Nährstoffen eine übermäßig große Anzahl Blütenknospen für das nächste Jahr aus. Der dann erfolgende, zu

Wunderschöne Apfelblüte im Frühjahr.

große Fruchtbehang bewirkt im nächsten Jahr wiederum einen zu schwachen bis ganz ausbleibenden Blütenknospenansatz, was einen zu starken Holztrieb zur Folge hat; der Baum alterniert.

Wachstum, Ansatz von Blütenknospen und Ertrag eines Baumes stehen in engem Verhältnis und sind gegenseitig voneinander abhängig. Jeder Eingriff in eines der genannten Kriterien wird auch eine Veränderung bei den anderen zur Folge haben. Man muß den Baum als Ganzes sehen und dementsprechend die Schnittmaßnahmen überlegt und gezielt einsetzen. Ein ruhig wachsender und regelmäßig tragender, gesunder Baum ist die Belohnung für eine sorgfältige und artgerechte Pflege.

Lebensabschnitte eines Baumes

Jugendzeit: Während seiner Jugendzeit entwickelt der Baum starke Langtriebe, die weite Abstände (Internodien) zwischen den Knospen aufweisen. Hierbei handelt es sich in der Regel um Blattknospen. Durch ein Herunterbinden der langen, meist aufrecht stehenden Triebe kann die Ausbildung von Blütenknospen gefördert und damit die Zeit bis zum ersten Ertrag verkürzt werden.

Zeitabschnitt des beginnenden Ertrages: Wenn sich die Langtriebe langsam abzusenken beginnen, zeigt dies die Zeit des beginnenden Ertrages an. Der Baum bildet an den Langtrieben vermehrt Seiten- und Kurztriebe mit endständigen Blütenknospen. Das Längenwachstum läßt nach. In diesem Aufbaualter des Baumes sind die Früchte der meisten Steinobstarten wie Kirschen, Zwetschen etc. meist kleiner als im Vollertragsstadium, Kernobst weist schlechtere Lagerfähigkeit durch z.B. Glasigkeit und Stippe auf.

Vollertragsalter: Dieser für uns wichtige Lebensabschnitt des Baumes läßt sich am weiter werdenden Astwinkel der Jungtriebe leicht erkennen. Die Baumkrone ist voll entwickelt und kann jetzt bei richtigem

Die verschiedenen Altersstadien des Fruchtholzes an einem Ast beisammen: Das jüngste Fruchtholz wächst verstärkt in die Senkrechte, die mittleren Zweige sind die zukünftigen Träger der Früchte, das stark verzweigte ältere Quirlholz wird weggeschnitten, da seine Leistungsfähigkeit erschöpft ist.

Schnitt und guter Pflege Höchsterträge bringen. Zweck des Schnittes ist es, Jungtriebe, Fruchtruten (Triebe mit Blütenknospen) sowie abgetragene Triebe in das richtige Verhältnis zueinander zu bringen und ein Überbauen (siehe S. 50) der Krone zu verhindern. Man muß darauf bedacht sein, ein optimales Gleichgewicht zwischen Fruchtbarkeit und Triebzuwachs zu erreichen. Nur dann wird der Baum auch regelmäßig tragen und seine sortentypischen Früchte hervorbringen.

Zeitabschnitt des abnehmenden Ertrages: Beginnt ein Baum im Kroneninneren zu verkahlen, indem er vorwiegend schwache und dünne Triebe entwickelt, die keine vollwertigen Früchte mehr tragen können, und auch nicht in ausreichendem Maße eine Fruchtholzverjüngung eintritt, ist dies ein untrügliches Zeichen dafür, daß der Zeitabschnitt des abnehmenden Ertrages angebrochen ist. Ein weiteres Indiz hierfür ist eine abnehmende Fruchtgröße mit ungenügender Ausfärbung der Früchte, die Blätter bleiben kleiner, und die Alternanz, d.h. der Wechsel zwischen ertragsreichen und ertragsarmen bzw. -losen Jahren, wird immer ausgeprägter. Es ist wichtig, auf diese Anzeichen zu achten, um rechtzeitig für einen Ersatz des abgehenden Baumes sorgen zu können.

Die Dauer der genannten Lebensabschnitte eines Baumes sind nicht nur durch Art, Sorte oder Baumform sowie standörtliche Gegebenheiten vorgegeben. Man kann die Jahre des Vollertrages durch Verkürzung des Jugendstadiums bis zum beginnenden Ertrag und Hinauszögern der Altersperiode durch zum richtigen Zeitpunkt angewandte, sorgsame und konsequent durchgeführte Pflege- und Schnittmaßnahmen verlängern.

Beerenobst

Sehr beliebt und überall bekannt, da vielseitig verwendbar und zum Teil schon im Frühsommer reifend, ist das Beerenobst. Beeren im botanischen Sinn sind u.a. Johannisbeere, Stachelbeere, Heidelbeere,

Die Lebensabschnitte eines Obstbaumes: Jugendzeit, Vollertragsalter, Altersstadium mit abnehmendem Ertrag und Abgangsstadium.

Die weiße Johannisbeersorte 'Weiße Versailler'

Schwachwüchsige Johannisbeeren benötigen ein Gerüst.

strauch zu den Nadelgehölzen gehört. Die Erd „beere" ist eine Staudenfrucht, deren Sammelfrüchte mit außensitzenden Nüßchen ausgestattet sind.

Manche Beerenobstarten haben Blütenstände wie Dolden, Rispen oder Trauben, bei denen mehrere Blüten zu einem Blütenstand zusammengefaßt sind. Johannisbeeren bilden z.B. Trauben, an welchen die Blüten von oben beginnend nacheinander aufgehen. So haben die Früchte der ersten Blüten eine längere Vegetationszeit und bilden dementsprechend größere Früchte aus. Dies erklärt, warum an der Johannisbeertraube die Größe der Früchte von oben nach unten hin abnimmt. Da Beerensträucher zum Teil schon sehr früh blühen, sind sie auch gute Bienenweiden und werden gerne von Bienen und ihren Artgenossen besucht.

Beeren haben nur eine dünne Schale, sind leicht zu verletzen und verdunsten viel Wasser. Man sollte sie deshalb unbedingt sehr sorgfältig in den kühlen Morgenstunden in kleine feste Gefäße pflücken, dabei Druckstellen unbedingt vermeiden und sofort in geeignete, nicht zu warme Kellerräume bringen, wenn man sie nicht sofort verarbeiten kann.

Unsere Beerensträucher benötigen eine ausreichende Bodenfeuchtigkeit, um gut gedeihen zu können. Grundsätzlich verteilen und verzweigen sich die Wurzeln in

während die „Beeren" von Himbeere, Brombeere und Holunder eigentlich zu den Steinfrüchten zählen, bei welchen die eigentlichen Früchte die in den Beeren befindlichen Kerne sind. Wacholder „beeren" sind Beerenzapfen, da der Wacholder-

leichten Böden mehr als in schweren. Da die Wurzeln für die Versorgung der Pflanze sehr wichtig sind, sollte man bei der Bodenbearbeitung darauf achten, daß möglichst keine Wurzeln zerstört werden. Wenn sich die Wurzelmasse verringert oder der Boden zu trocken ist, reagieren die Pflanzen u.a. auch mit dem Abwerfen von Früchten. Das Abdecken mit Mulchmasse wie z.B. gemähtes Gras, Nadelholzrinde usw. hält den Boden gleichmäßig locker und feucht. Das Beerenobst wächst natürlicherweise in Form von Sträuchern oder Halbsträuchern. Zu den Halbsträuchern zählen Himbeeren und Brombeeren; sie besitzen Ruten, die laufend aus den Adventivknospen der Wurzeln nachwachsen. Die Pflanze selbst kann sehr alt werden. Himbeeren und Brombeeren sind auf ein Gerüst angewiesen, fehlt dieses, so entsteht schnell ein undurchdringliches Dickicht.

Unsere bekannten Beerenobststräucher sind holzige Pflanzen, die bodennahe Triebe bilden und im allgemeinen nicht sehr hoch werden. Einige Arten lassen sich auch mit einem kleinen Stämmchen (Johannisbeeren, Stachelbeeren) oder als Baum (Holunder) erziehen. Im ersten Jahr wachsen die Triebe in der Regel ohne Verzweigung sehr stark. Erst im zweiten Jahr entwickeln sich Seitentriebe und an diesen im dritten Jahr die Verzweigungen. Die Knospen legt der Strauch im Frühsommer in den Blattachseln an. Treiben sie noch im gleichen Jahr aus, so spricht man auch hier von vorzeitigen Trieben. Zu diesen gehören aber auch die z.B. bei Brombeeren häufigen Geiztriebe, die laufend entfernt werden sollten.

Viele Beerensträucher weisen Stacheln oder Dornen auf. Bei Stacheln handelt es sich um ein Gebilde der Oberhaut ähnlich der Härchen, sie sind leicht von dem Trieb abzubrechen. Himbeeren, Brombeeren oder auch Rosen sind mit solchen bewehrt, die Stacheln dienen auch als Kletterhilfe, nicht nur zur Abwehr ungebetener Gäste. Dornen sind umgewandelte Blätter und mit dem Trieb fest verwachsen, wir finden sie z.B. bei Schlehen oder Sanddorn.

Trieb- und Knospenarten

Voraussetzung für einen richtigen Schnitt ist die genaue Kenntnis der einzelnen Trieb- und Knospenarten. Unter Trieb versteht man den Zuwachs an Ästen und Zweigen (Holztrieb). Aus diesem entwickeln sich die zum Kronenaufbau benötigten Leit- und Seitenäste sowie das Fruchtholz, an dem sich die Blütenknospen befinden.

Triebarten

Unter **Fruchtholz** versteht man alle Teile eines Baumes, an denen die Anlage von Blütenknospen möglich ist und die nicht Teil des Baumgerüstes sind.

Unter **Mitteltrieb** versteht man die senkrechte Fortsetzung des Stammes. Er dient zum Kronenaufbau.

Auch die **Leitäste,** die in einem bestimmten Winkel direkt aus dem Stamm gezogen werden, dienen der Formierung der Baumkrone.

Die aus den Leitästen oder aus dem Mitteltrieb wachsenden Äste mit Fruchtholz bezeichnet man als **Fruchtäste.**

Kurztriebe sind einjährige Triebe mit sehr kurzen Abständen (Internodien) zwischen den Seitenknospen im Gegensatz zu den **Langtrieben** mit großen Internodien.

Mehrjährige Verzweigungen, von denen mit Blätter- und Blütenknospen besetzte

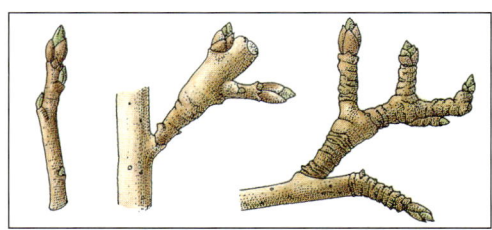

Fruchtholzarten (von links nach rechts): Fruchtspieß, Fruchtkuchen, Quirlholz

Blühender Fruchtzweig mit Fruchtspießen

Sogenannte Wasserschosse wachsen senkrecht in die Höhe.

wertlos; sie können nur durch eine Verbesserung der Belichtungsverhältnisse zur Fruchtholzbildung beitragen.

Treibt eine Terminalknospe noch im Jahr ihres Entstehens aus und bildet sich dabei ein neuer Triebabschnitt, spricht man von dem sogenannten **Johannistrieb.** Diese Triebe sind sehr frostempfindlich und daher nicht gerne gesehen.

Von einem **vorzeitigen Trieb** spricht man, wenn die Achselknospen bei Jungtrieben kurz nach ihrer Entstehung austreiben und Kurztriebe anlegen und nicht als Knospen den Winter überdauern. Man findet dies sehr häufig bei okulierten Bäumen (siehe S. 68).

Knospenarten

Den jüngsten Teil der Baumkrone nennt man am belaubten Trieb **Auge,** am unbelaubten Trieb **Knospe.** Beim Kernobst kann die Knospe noch nach mehreren Jahren zum Austrieb gebracht werden, während sie dagegen beim Steinobst in den meisten Fällen nach einem Jahr abgestorben ist. Aus der Knospe entwickeln sich, je nach Stellung und Ernährung, Blätter, Blüten oder auch die neuen Triebe.

Die sich am Ende eines Triebes befindende Knospe bezeichnet man als **Terminalknospe** (Endknospe). Sie kann sowohl Blätter als auch Blüten hervorbringen.

Über lange Jahre nichtaustreibende Knospen, die man durch Verjüngen bzw. ent-

Kurztriebe, die **Fruchtspieße,** ausgehen, bezeichnet man als **Fruchtruten.**

Fruchtkuchen sind Verdickungen am Fruchtholz. Diese kennzeichnen die Stellen, an denen sich Früchte entwickelt haben. Aus den Fruchtkuchen geht oftmals weiteres Fruchtholz hervor.

Bilden sich in einer dichten Baumkrone lange, dünne Äste mit großen Internodien, so spricht man von **Wasserschossen.** Die durch Lichtarmut vergeilten Triebe sind

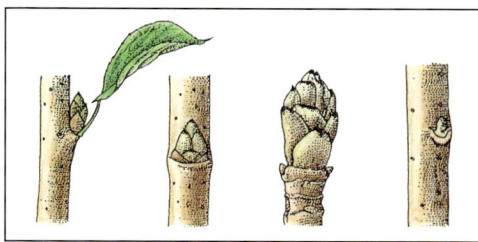

Knospenarten (von links nach rechts): Blütenknospe am einjährigen Holz, Blattknospe, endständige Blütenknospe (Terminalknospe), Schlafende Knospe

sprechenden Rückschnitt 'aufwecken' kann, nennt man **Schlafende Knospen.**
Blattknospen bilden sich z. B. in den Blattachseln von Trieben und bringen nur Blätter hervor.
Blütenknospen sind meist etwas größer als Blattknospen, bilden sich in der Zeit von Ende Juni bis Anfang September aus und enthalten bereits alle Teile der Blüte. Steinobstarten entwickeln meist reine Blütenknospen mit vier bis sechs Blüten, während sich beim Kernobst neben den Einzelblüten noch Blattrosetten mit Blütenknospen entwickeln; man spricht dann von den sogenannten **gemischten Blütenknospen.**
Findet man am Grunde einer Knospe oder eines Triebes eine oder zwei Knospen (meist beim Kernobst, seltener bei Steinobst), so spricht man von den **Nebenknospen.** Diese treiben aus, wenn die Hauptknospe beschädigt wurde.
Die sogenannten **Übergangsknospen** findet man am Kernobst. Sie sind den Blütenknospen ähnlich und

von diesen auch schwer zu unterscheiden. Sie sind in ihrer Form etwas kürzer und dünner und von Blättern umgeben. Bei günstigen Voraussetzungen können sich daraus Blütenknospen für das nächste Jahr entwickeln, bei zu starker Düngung wächst ein neuer Trieb heran.
An selbst ungewöhnlichen Stellen eines Baumes, wie z. B. dem Wundkallus, können die **Adventivknospen** entstehen. Bei den Himbeeren und Brombeeren werden die an den Wurzeln befindlichen Knospen ebenfalls Adventivknospen genannt.

Reaktion des Gehölzes auf den Schnitt

Bevor wir mit dem Schneiden unserer Obstbäume beginnen, sollten wir uns darüber Klarheit verschaffen, wie und warum die

Wundkallus an einer Schnittstelle

Die verschiedenen Schnittstärken und ihre Auswirkungen auf den Wuchs: Ein starker Rück-schnitt erzeugt einen starken Austrieb der obersten Knospen (links), ein schwacher Schnitt einen mäßigen Austrieb fast aller Seitenknospen (Mitte). Der Obstbaum rechts zeigt die Auswirkung eines ungleichmäßigen Schnittes. Hier dreht sich die Schnittregel „je stärker zurückgeschnitten wird, desto stärker der Austrieb" um. Bei einem ungleichmäßigen Schnitt muß der Gesamtwuchs des Baumes betrachtet werden.

Bäume auf einen Eingriff mit Schere und Säge reagieren. Grundsätzlich sollte man beachten, die natürliche Entwicklung eines Baumes oder Strauches nur so weit wie unbedingt nötig zu beeinträchtigen, denn je schärfer wir schneiden, desto stärker wird der Neutrieb sein.

Diese Eigenschaften können wir uns bei der Behandlung von älteren und wuchsfaulen Bäumen zunutze machen. Nach dem starken Rückschnitt und der damit verbundenen Reduzierung von Knospen, entwickeln die verbliebenen Knospen einen starken Neutrieb, und es entstehen dadurch kräftige einjährige Triebe, die jedoch in den folgenden Jahren einer weiteren Schnittpflege bedürfen, um das Ziel, den Baum zu verjüngen und damit wieder einen reicheren Ertrag zu erzielen, zu erreichen.

Führen wir jedoch nur einen schwachen Rückschnitt durch, so belassen wir damit dem Baum eine große Anzahl von Knospen. Diese bringen uns einen zahlreichen Zuwachs, die Triebe sind kurz und in den meisten Fällen Fruchtholz, d.h. an ihnen bilden sich Blüten und Früchte.

Schneidet man einen Baum ungleichmäßig, so kehrt sich der obengenannte Effekt um, das heißt, der stark geschnittene Teil wächst schwächer, der schwach geschnittene stärker. Auch diese Regel kann man sich bei der Baumerziehung in vielfältigen Anwendungsbereichen zunutze machen, z.B. kann man Wuchsfehler eines Baumes damit korrigieren.

Rückschnitt auf Knospen

Mit jedem Rückschnitt werden die Knospen unmittelbar hinter der Schnittstelle zum Austrieb angeregt. Das bedeutet, daß wir eine Verzweigung des geschnittenen Triebes erhalten. Damit verhindern wir z. B. auch Kahlstellen am Trieb. Dabei ist zu beachten, daß steil nach oben wachsende Triebe eine schwache Garnierung (wenige Seitentriebe) hervorbringen. Je mehr jedoch der Trieb in die Waagerechte gelangt, desto stärker wird die Bildung von Seitentrieben, die er hauptsächlich an der Trieboberseite anlegt. Durch das dann verminderte Längenwachstum kann der Baum seine Nährstoffe zur Bildung von Blütenknospen einsetzen. Besonders bei jungen Bäumen, die noch keine fertig ausgebildete Krone haben, sollte man die Triebe, die nicht zum Kronenaufbau nötig sind, herunterbinden.

Eine kräftig ausgebildete Terminalknospe (Endknospe) an einem einjährigen Trieb bildet im folgenden Jahr eine starke Fortsetzung. Durch das starke Längenwachstum entwickeln sich nur wenige Seitenknospen zu nur schwachen Seitentrieben. Wenn man diese schwachen Seitenknospen zur Bildung kräftiger Seitentriebe anregen will, entfernt man die Terminalknospe und schneidet auf eine der Seitenknospen zurück. Durch diesen Eingriff vermindert man das Längenwachstum.

Befinden sich kräftige Seitenknospen in der Mitte eines Triebes, so schneiden wir auf diese zurück, um einen kräftigen Austrieb derselben zu fördern. Schneiden wir auf eine im unteren Teil eines Triebes befindliche schwache, aber noch gut ausgebildete Knospe zurück, erhalten wir einen schwachen Austrieb. Wir schwächen so mit dieser Behandlung z. B. einen Konkurrenztrieb, wenn man ihn nicht ganz entfernen will. Auch von zwei gleichwertig nebeneinanderstehenden Trieben läßt man einen unbehandelt bzw. entfernt höchstens die Endknospe oder bindet ihn

Fortsetzung siehe Seite 22

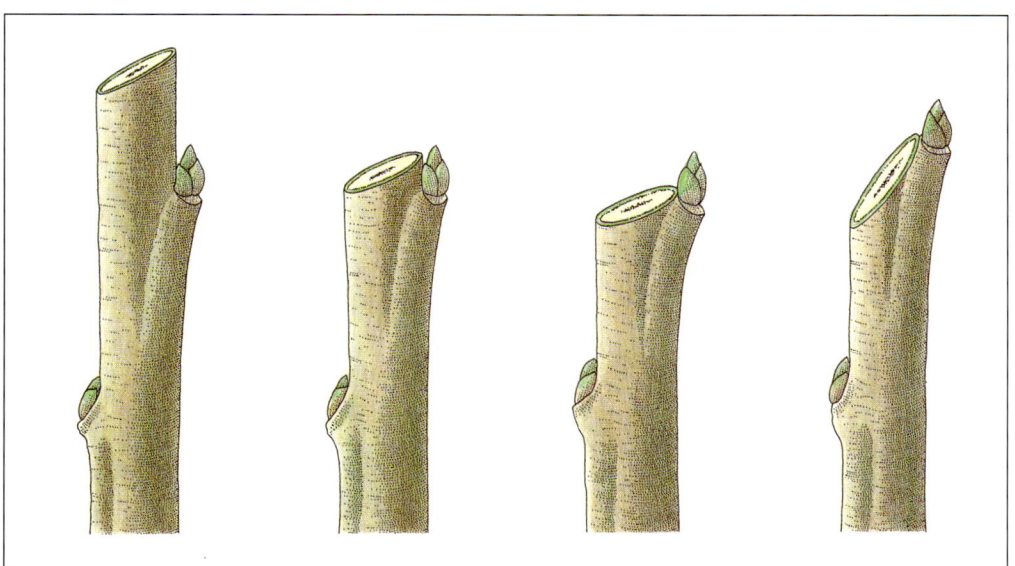

Der Rückschnitt auf Knospen: zu lang (a), richtig (b), zu gerade, Verletzung der Knospe möglich (c), zu schräg (d)

Kernobst

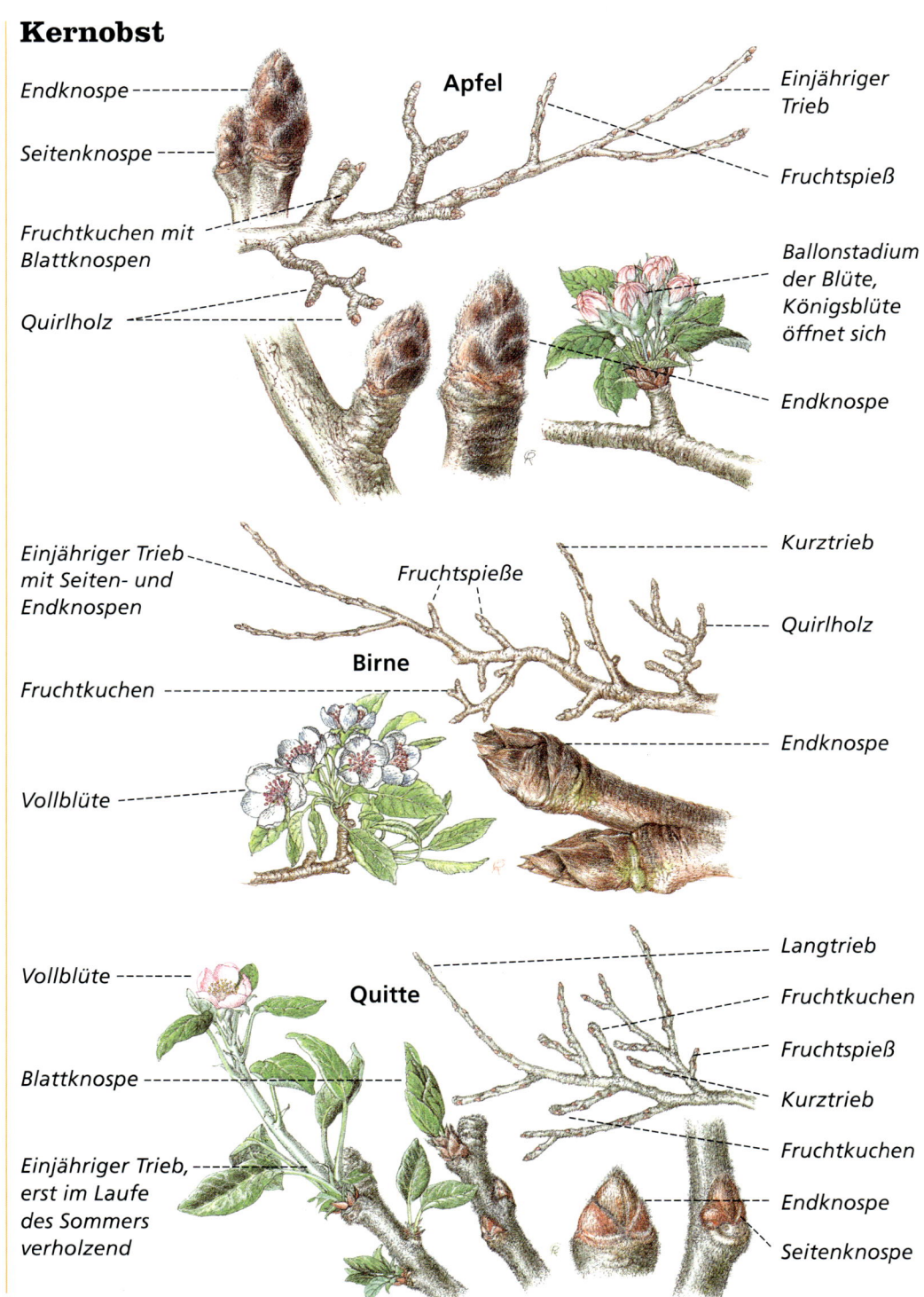

Endknospe

Seitenknospe

Fruchtkuchen mit Blattknospen

Quirlholz

Apfel

Einjähriger Trieb

Fruchtspieß

Ballonstadium der Blüte, Königsblüte öffnet sich

Endknospe

Einjähriger Trieb mit Seiten- und Endknospen

Fruchtspieße

Birne

Fruchtkuchen

Vollblüte

Kurztrieb

Quirlholz

Endknospe

Vollblüte

Quitte

Blattknospe

Einjähriger Trieb, erst im Laufe des Sommers verholzend

Langtrieb

Fruchtkuchen

Fruchtspieß

Kurztrieb

Fruchtkuchen

Endknospe

Seitenknospe

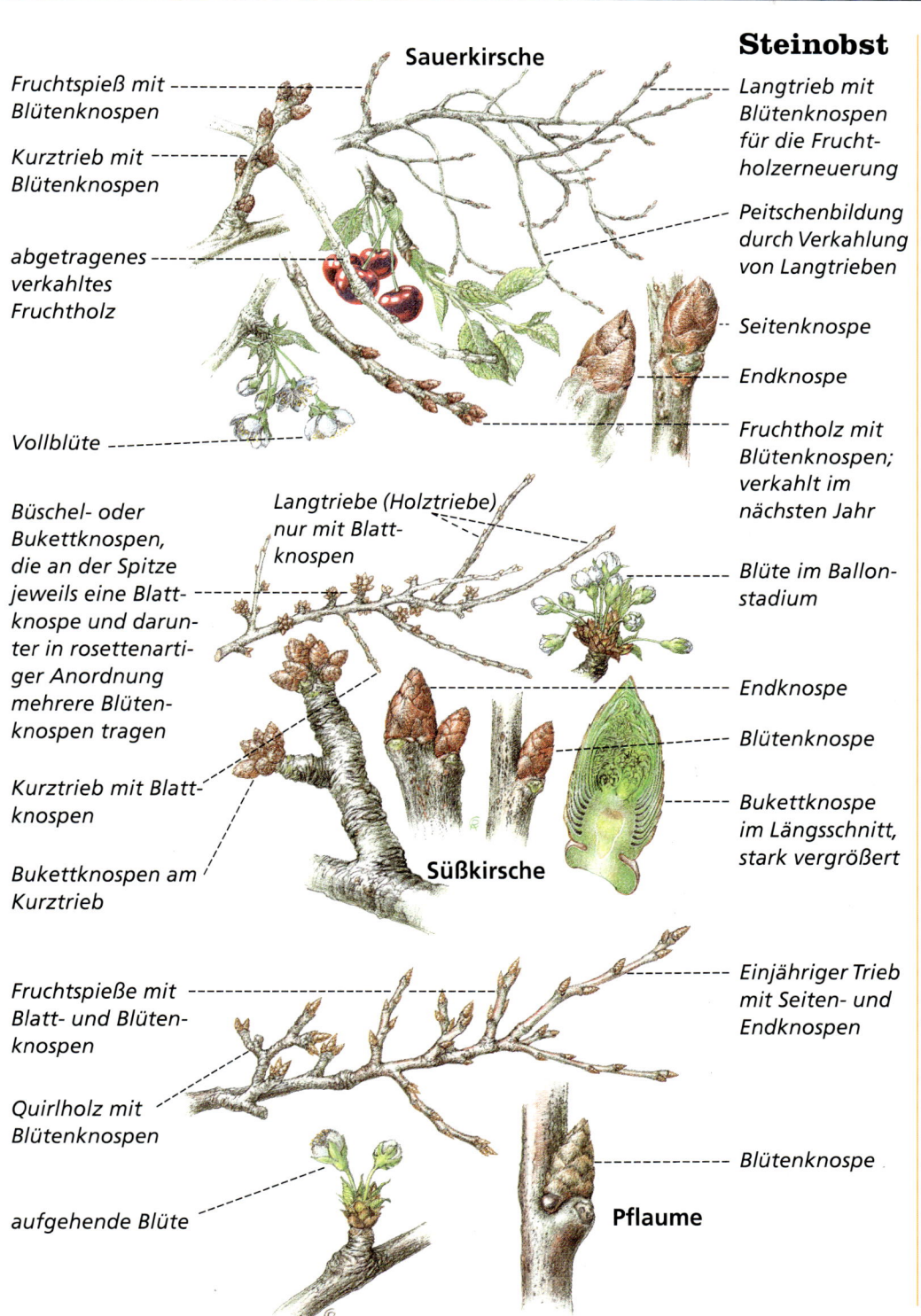

Steinobst

Sauerkirsche

Fruchtspieß mit Blütenknospen

Kurztrieb mit Blütenknospen

abgetragenes verkahltes Fruchtholz

Vollblüte

Langtrieb mit Blütenknospen für die Fruchtholzerneuerung

Peitschenbildung durch Verkahlung von Langtrieben

Seitenknospe

Endknospe

Fruchtholz mit Blütenknospen; verkahlt im nächsten Jahr

Büschel- oder Bukettknospen, die an der Spitze jeweils eine Blattknospe und darunter in rosettenartiger Anordnung mehrere Blütenknospen tragen

Kurztrieb mit Blattknospen

Bukettknospen am Kurztrieb

Langtriebe (Holztriebe) nur mit Blattknospen

Süßkirsche

Blüte im Ballonstadium

Endknospe

Blütenknospe

Bukettknospe im Längsschnitt, stark vergrößert

Fruchtspieße mit Blatt- und Blütenknospen

Quirlholz mit Blütenknospen

aufgehende Blüte

Einjähriger Trieb mit Seiten- und Endknospen

Blütenknospe

Pflaume

Die Auswirkungen der Schnittstärke auf den Austrieb (von links nach rechts):
1. Mögliche Schnittstellen an einem ein-jährigen Kernobsttrieb.
2. Ein ungeschnittener Trieb bildet eine star-ke Triebverlängerung und schwächere Sei-tentriebe.
3. Wird die Terminalknospe (Endknospe) entfernt, treiben die schwächeren Seiten-knospen mäßig aus, die Triebverlängerung bleibt nur gering.

4. Der kräftigere Rückschnitt auf die meist gut entwickelten, mittleren Knospen er-zeugt einen kräftigen Austrieb dieser Knos-pen, verbunden mit einer starken Triebver-längerung.
5. Der starke Rückschnitt auf eine sehr schwach entwickelte Knospe des unteren Bereichs bewirkt eine sehr geringe Trieb-verlängerung. Es sind keine Knospen für eine mögliche Seitentriebbildung vorhan-den.

in die Waagerechte, um eine schnellere Fruchtholzbildung zu erreichen, während der andere durch das Zurücksetzen auf die unterste Knospe ein Jahr lang ruhiggestellt wird.

Blattmasse

Ein weiteres Augenmerk gilt der Blattmas-se eines Baumes. Je weniger wir schneiden und je mehr Blätter damit einem Baum erhalten bleiben, desto größer wird er. Je stärker der Schnitt, desto kleiner bleibt der Baum. Das Dickenwachstum hängt also weitgehend von der Zahl der Blätter ab. Diese Eigenschaft muß man beim Schnei-

den berücksichtigen. Man muß darauf achten, daß eine Fruchtrute im Verhältnis zu einem Leitast weniger Blattgarnierung aufweist – notfalls muß man Seitentriebe mit Blattbesatz entfernen –, um ihr Dickenwachstum zu bremsen und damit dem Leitast seine Dominanz zu erhal-ten.
Trotz aller Regeln muß der Baumliebhaber und Hobbygärtner seine Bäume jedoch auch beobachten und einen Erfahrungs-austausch mit seinen Nachbarn betreiben, denn jeder Obstbaum ist ein Individuum, das je nach Sorte, Unterlage, Boden- und Klimaverhältnissen, Standortbedingungen etc. unterschiedlich stark auf die Schnitt-

Viele verschiedene Obstarten im Garten

maßnahmen reagiert. Wichtig ist es auch, sich bereits bei der Pflanzung über die gewünschte Baumform Gedanken zu machen, um dem Neuling im Garten einen möglichst optimalen Standort und Abstand zu den Pflanzennachbarn anzubieten und so schon einen Teil des Erfolges sicherzustellen.

Bedeutung der Unterlagen

Als Unterlagen bezeichnet man die Wurzel und den Stamm bis zur Veredlungsstelle eines Baumes. Sie beeinflußt die aufveredelte Sorte in bezug auf das Wachstum des Baumes und die Größe der Früchte. Wer sich entschlossen hat, einen oder mehrere Obstbäume zu pflanzen, muß je nach Art und Größe des Grundstückes eine genaue Vorstellung von der Wüchsigkeit und späteren Größe der zu pflanzenden Bäume haben.

Man unterscheidet zwei Unterlagenarten.

Sämlingsunterlagen: Die älteste und einfachste Unterlagenvermehrungsart ist die generative, d.h. geschlechtliche Vermehrung. Werden diese aus Samen gewonnenen Bäumchen nicht veredelt, so entsteht jedesmal eine neue Sorte mit unbekannten Eigenschaften des Baumes und der darauf wachsenden Früchte. Will man Bäume mit guten und bewährten Sorten haben, ist es notwendig, diese Sämlingsunterlagen mit bekannten Sorten zu veredeln.

Sehr viel länger als beim Kernobst spielten die Sämlingsunterlagen beim Steinobst eine wichtige Rolle. Schwächer wachsende, vegetativ vermehrte Unterlagen sind erst

---

Vorbeugen ist besser als heilen
Erst lesen, dann denken, dann schneiden – Schritt-für-Schritt!

Betrachtung des Individuums Baum/Strauch vor dem Schnitt:

* Sind Krebsstellen, Stammwunden, abgebrochene Äste behandelt (ausgeschnitten und mit Wundwachs verstrichen)? → S. 31 und 42
* Verkahlen schon die Kronen? → S. 59
* Muß eine Verjüngung der Krone vorgenommen werden? → S. 59
* Auf welcher Unterlage ist die Edelsorte aufveredelt? → S. 23
* Wie ist die Wuchsleistung (stark, mittel, schwach)? → S. 74
* Höhe der Krone, ist eine Einschränkung notwendig? → S. 30
* Aufbau der Krone, ist ein Aufbauschnitt notwendig? → S. 46
* Gibt es Lichtmangel in der Krone? → S. 49
* Wie ist das Verhältnis Kurztriebe zu Langtrieben? → S. 15
* Wie sieht es mit dem Blütenknospenansatz aus? → S. 16
* Welche Standfläche ist für das Gehölz vorhanden (Kronenausdehnung)? → S. 24

Antworten zu diesen Fragen finden Sie auf den angegebenen Seiten.

Die Unterlage hat großen Einfluß auf den Wuchs des gesamten Obstgehölzes. Rechts eine schwachwachsende, in der Mitte mittelstarkwachsende Unterlagen und links eine starkwachsende Sämlingsunterlage.

in den letzten Jahren gezüchtet bzw. selektiert worden, in dem Bemühen, auch im Steinobst zu kleineren Baumformen zu kommen.

Vegetativ vermehrte Unterlagen: Neben der generativen Vermehrung durch Sämlinge, gibt es die vegetative Vermehrung, d.h. durch Pflanzenteile von Mutterpflanzen. Diese Vermehrungsart führt zu Pflanzen mit einheitlichem Erbgut, also mit einheitlichem und bekanntem Wuchsverhalten. Beim Kernobst, insbesondere beim Apfel, können diese sehr einheitlichen Unterlagen in schwachwachsende, mittelstark wachsende und starkwachsende Unterlagen eingeteilt werden (siehe S. 74).

Das Nachbarrecht

Grenzabstände

Die notwendige Baumform mit dem dazugehörenden Schnitt ist uns meistens vom Platzangebot im Garten vorgegeben, da leider große Gärten mit viel Pflanzfläche heute oft der Vergangenheit angehören und kleine und kleinste Gärten vorherrschen. Um Differenzen mit Nachbarn und Grundstücksanliegern zu vermeiden, sollte man in groben Zügen über das sogenannte „Nachbarrecht" informiert sein, wo Pflanzabstände, Baum- und Strauchhöhen etc. geregelt sind.

Bei den Grenzabständen wird grundsätzlich bei Obstbäumen unterschieden zwischen schwach, mittelstark, stark und sehr stark wachsenden Unterlagen (Wurzelstöcke), wobei natürlich auch die Art und die Sorte in der Kombination mit den Unterlagen unterschiedliche Wuchsgrößen und damit Beeinträchtigungen des Nachbargrundstückes ergeben.

So ist bei Apfelbäumen auf den Unterlagen M9, M27, M26, schwachwachsenden Birnenunterlagen sowie bei Aprikose, Pfirsich, Quitte, Sauerkirsche bei Baumhöhen bis maximal 4,00 m in Baden-Württemberg ein Grenzabstand von 2,00 m erforderlich. Bei Apfel- und Birnenbäumen auf Meterstämmen mit der Unterlage M7 sowie Mirabellen, Pflaumen, Renekloden und Zwetschen mit einer voraussichtlichen Wuchshöhe von über 4,00 m erhöht sich der Grenzabstand auf 3,00 m. Schließlich ist ein Abstand von 4,00 m zur Nachbargrenze gefordert bei Hochstammbäumen von Apfel, Birne, Süßkirsche, veredelter Walnuß und anderen Obstbäumen auf starkwachsenden Unterlagen mit ähnlicher Wuchsgröße. Unveredelte Walnußbäume erfordern einen Abstand von 8 m. Himbeeren, Heidelbeeren, niedere Stachelbeeren mit einer Höhe von bis zu 1,00 m müssen 0,50 m, bei einer Höhe bis zu 2,00 m 1,00 m von der Grenze gepflanzt werden. Johannisbeerbüsche oder -stämmchen, Brombeeren, die eine Höhe von über 1,00 m erreichen, müssen ebenfalls 1,00 m von der Grundstücksgrenze entfernt sein. Beeinträchtigen Obstbäume durch Schatten Erwerbsgartenbaubetriebe oder Weinberge, verdoppeln sich die angegebenen Abstände. Da die Grenzabstände in den einzelnen Bundesländern unterschiedlich sein können, empfiehlt es sich, um Schwierigkeiten zu vermeiden, sich bei der zuständigen Gemeindeverwaltung über die örtlichen Vorschriften zu informieren, zumal es in verschiedenen Gemeinden auch örtliche Vorschriften für Bepflanzungen innerhalb des Ortes geben kann.

Sehr viel nachbarlicher Ärger, ja wahrscheinlich sogar mancher Prozeß kann vermieden werden, wenn man rechtzeitig Informationen über die Grenzabstände der geplanten Gehölze einholt. Nur so kann der Garten uns Freude, Entspannung und Geselligkeit mit den lieben Nächsten bieten.

Fehler, die andere gemacht haben

Baumobst
Rinden- und Holzverletzungen beim Schneiden

Durch stumpfes und nicht geöltes, nur schwergängiges Werkzeug werden beim Schneiden Quetschwunden verursacht; es entstehen auch Einrisse in die Rinde, der Rand der Schnittflächen ist nicht glatt, sondern uneben, rauh und ausgefranst.

Abhilfe: Scheren, Sägen und sonstige Schnittgeräte vor Gebrauch kontrollieren, schärfen, ölen und feilen; sie müssen leicht zu handhaben sein und einen glatten Schnitt ermöglichen.

Mehrmaliges Ansetzen der Schere, um einen Ast zu entfernen

Überflüssige oder zu lange Äste und Triebe können nicht mit einem glatten Schnitt durch einmalige Betätigung der Schere entfernt werden.

Bei der Pflanzung eines Hochstammes sollte man daran denken, daß der Baum in 30 Jahren das Haus weit überragen kann.

Abhilfe: Bei Scheren mit einseitiger geschärfter Klinge ohne Rollgriff, der durch seine Ausformung den richtigen Griff der Schere vorgibt, ist zu prüfen, ob durch den Handdruck die Schnittklinge bewegt wird und nicht etwa der Gegenbacken.

Mit einer Schere sollen nur Äste bis maximal 2,5 cm Durchmesser entfernt werden, wobei der zu entfernende Ast mit der freien Hand etwas in die Schnittrichtung gedrückt wird; durch diesen Kniff wird die Arbeit wesentlich erleichtert und die Schnittstelle bleibt ohne Quetschungen (siehe dazu auch Seite 37).

Beim Absägen von Ästen entstehen keine glatten Sägeschnitte

Bei der Entfernung stärkerer Äste entstehen am Baum Wunden, die sich mit jeder

Eine gut verstrichene, glatte Schnittwunde.

Unebenheit vergrößern. Diese kosten trotz Verstrich mit Wundverschlußmittel den Baum viel Kraft.

Abhilfe: Man überprüft die Spannung des Sägeblattes. Es sollte so straff gespannt sein, daß der Spannhebel gerade noch mit Mühe durch Druck des Daumens der Arbeitshand einrastet. Befindet sich am Sägeblatt Harz, so wäscht man es mit Seife ab und kontrolliert anschließend, ob auch alle beweglichen Teile der Säge genügend eingeölt sind. Ist das Sägeblatt stumpf geworden oder nicht mehr ausreichend geschränkt, läßt man dies von einem Fachmann beheben. Fehlt es an Übung, so sucht man sich an einem beliebigen Baum einen unbedingt zu entfernenden Ast. Diesen setzt man zuerst auf einen etwa 30 cm langen Stummel zurück, um daran die Sägetechnik zu üben, bevor man ihn direkt an der Basis entfernt. Man übt schräge und gerade Schnitte sowie Gegenschnitte, d.h. man sägt zuerst an der Unterseite etwas ein, um ein Abbrechen zu verhindern, bevor man von oben her absägt.

Um einen Bruch des abzusägenden Astes zu verhindern, stützt man diesen grundsätzlich mit der freien Hand ab.

Es sind Schlitzäste entstanden

Beim Schneiden wurden Konkurrenztriebe nicht entfernt; es sind senkrecht hochwachsende Triebe mit einem Winkel von weniger als 30° zur Stammverlängerung stehengeblieben. Zwischen diesen Ästen und dem Hauptstamm bleibt Wasser in den feinen Vertiefungen der Rinde stehen; es entstehen Fäulnisstellen, bzw. durch Gefrieren wird das Holz gesprengt. Als Folge bricht dieser Ast schon bei geringer Belastung ab und „schlitzt" den Stamm auf.

Abhilfe: Schon beim Aufbau- und Erziehungsschnitt konsequent alle zu steil stehenden Triebe, die sich in der Folgezeit zu

Hier erkennt man deutlich den engen Winkel der Konkurrenztriebe.

Schlitzästen entwickeln, entfernen. Auch beim Erhaltungsschnitt das Entstehen von Schlitzästen verhindern.

Die Spitze von Ästen und Zweigen trocknet ein

Es wurde nicht darauf geachtet, in welcher Entfernung zur letzten Knospe die Schnittfläche angesetzt wurde und in welchem Winkel zur Knospe der Schnitt erfolgt ist.
Abhilfe: Man achtet beim Schneiden immer darauf, daß auch eine möglichst triebunterseitige Knospe zurückgesetzt wird, wobei die Knospenspitze die Schnittfläche etwas überragen soll, der Schnittansatz aber nicht tiefer liegt als der Knospenfuß. Bleibt ein Aststummel über der Knospe stehen, so kann die Spitze eintrocknen.

Austrieb nach dem Schnitt bleibt zu schwach

Der Schnitt beim Zurücksetzen des Holzes wurde tiefer als der Knospenbeginn angesetzt. Die Knospe überragt das Ende der Schnittstelle; es hat sich somit eine große ovale Schnittfläche und damit auch Wunde gebildet. Der sich aus dieser Knospe entwickelnde einjährige Trieb bleibt schwach. Bei schon geringer Belastung bricht er ähnlich einem Schlitzast aus.
Abhilfe: Der Schnitt wird an der Ast- oder Zweiggegenseite zur Knospe in Höhe des Knospenbeginns angesetzt und leicht schräg nach oben geführt, so daß die Spitze der Knospe eben noch frei sichtbar ist. Es entsteht so eine leicht schräge Schnittfläche, an der das Wasser gut abläuft und nur eine kleinstmögliche Wunde bedingt. Der Austrieb bekommt so genügend Kraft und sitzt fest am alten Holz.

Krankheitsherde haben sich im Baum gebildet

Ganze Astpartien sind von Krankheiten wie Zweigmonilia, Mehltau etc. befallen, die sich immer weiter ausbreiten. Nach Unwettern sind Äste an- oder gar abgebrochen und wurden nicht entfernt.
Abhilfe: Man paßt den Schnitt an das Individuum Baum/Strauch an, indem man nicht nur während des Winters in der vegetationslosen Zeit Schnittmaßnahmen durchführt, sondern diese das ganze Jahr über je nach Bedarf vornimmt. Findet man die ersten Krankheitsanzeichen an Triebspitzen, so schneidet man jederzeit und sofort bis ins gesunde Holz zurück. Man achtet auch darauf, die kranken Zweige zu entfernen und zu entsorgen, denn läßt man sie am Boden liegen, können weitere Infektionen erfolgen. Ebenso werden dürres Holz, abgebrochene Zweige etc. fachgerecht entfernt.

Baumstämme zeigen Verletzungen

An Baumstämmen findet man Bißstellen, die Rinde ist über dem Boden angenagt oder weist Risse auf.

Abhilfe: Man schützt den Baumstamm vor Wildverbiß mit einer im Fachhandel erhältlichen Wildschutzspirale oder legt zum Schutz eine sogenannte Drahthose um den Baum, die man aus Maschendraht auch selbst anfertigen kann. Auch ein Bestreichen des Stammes mit einem Wildverbißmittel verhindert Wildschäden. Wichtig ist dabei, auch eine mögliche Schneehöhe bei der Größenberechnung der Schutzmaßnahme einzukalkulieren. Nagestellen direkt über dem Boden, oft unter einer Bodenab-

Ein Schutzanstrich verhindert Frostschäden.

deckung, weisen auf Mäuse hin, die mit üblichen Mitteln zu bekämpfen sind, wie Fallen aufstellen etc. Vor den gefürchteten Frostrissen, die durch krasse Temperaturunterschiede entstehen, wenn die Sonne den Stamm tagsüber kräftig erwärmt und den Saftfluß im Baum fördert, während es nachts in klaren Nächten noch sehr kalt wird und das Thermometer unter 0 °C fällt, bietet ein Weißanstrich Schutz. Weiße Farbe nimmt bekanntlich nicht so viel Sonnenwärme auf wie dunkle Farben.

Verletzungen der Rinde durch den Pfahl

Durch das Dickenwachstum des Baumstammes ist die Schnur eingewachsen, der Pfahl reibt am Baumstamm und verursacht so Verletzungen an der Rinde.

Abhilfe: Handelt es sich um einen Baum mit starkwachsender Unterlage, der standfest geworden ist, so wird die Unterstützung ganz entfernt. Benötigt der Baum jedoch auch weiterhin eine Unterstützung, so wird die zu fest sitzende oder gar eingewachsene Schnur entfernt und durch eine locker in Form einer Acht um Pfahl und Baum geführten, nicht zu dünnen Schnur ersetzt. Durch die „Acht" beim Binden verhindert man auch das Reiben des Pfahles am Baum, da ja die Schnur als Puffer dazwischenliegt.

Ein durch Frost entstandener Riß in der Rinde.

Ein der zu erwartenden Stärke des Baumstammes entsprechender Abstand zwischen Pfahl und Baum muß aber gegeben sein.

Der Stamm sollte locker ohne Einschnürungen mit dem Pfahl verbunden sein.

Um den Baum wachsen aus dem Boden Triebe

Aus den Baumwurzeln und unter der Veredlungsstelle entstehen langwachsende, rutenförmige Triebe mit meist kleinen Blättern. Es handelt sich um Stamm- oder Wurzelaustriebe des als Unterlage dienenden Sämlings bzw. der zur Unterlagengewinnung verwendeten Mutterpflanze, die den Baum schwächen.

Abhilfe: Man entfernt diese Triebe baldmöglichst nach ihrem Entstehen direkt an der Basis. Bei Wurzelausschlägen versucht man durch Aufgraben die Triebe direkt an der Wurzel am Entstehungsort abzuschneiden. Gelingt dies nicht, sollte der Schnitt wenigstens unter der Erdoberfläche erfolgen. Damit verhindert man einen schnellen Wiederaustrieb.

Stammwunden in Bodennähe

Stehen Bäume in Rasenflächen oder in der Wiese, so stellt man während der Vegetationszeit oftmals bodennahe Schürfwunden am Stamm fest.

Abhilfe: Es handelt sich in der Regel um Verletzungen, die durch Anstoßen mit dem Rasenmäher entstanden sind. Man behandelt die Wunden, indem man die Ränder mit einem scharfen Messer glattschneidet und verstreicht sie mit Baumwachs und denkt beim nächsten Rasenmähen daran. Die Baumscheiben und -streifen hält man durch flache Bodenbearbeitung und Abdeckung mit organischem Material wie z.B.

Rindenmulch ist zur Abdeckung der Baumscheibe gut geeignet.

Nadelholzrinde, Bio-Kompost, Mist, Rasenmulch usw. frei. Dabei muß man allerdings immer wieder darauf achten, ob sich Mäuse im Mulchmaterial angesiedelt haben.

Am Baum entstehen zahlreiche Wasserschosse

Von den Astoberseiten wachsen dünne Triebe (Wasserschosse) meist als Folge eines zu starken Winterschnitts rutenförmig nach oben. Die Baumkrone wird zu dicht, es gelangt zu wenig Licht und Sonne in das Kroneninnere. Die Früchte erlangen nur unzureichend ihre sortentypische Färbung. Es entwickeln sich zu wenige Blütenknospen für das kommende Jahr.

Abhilfe: Ab Mitte August, wenn das Triebwachstum abschließt, führt man den sogenannten Sommerschnitt durch. Überflüssige Wasserschosse können schon im Juni ausgerissen werden. Haben sich sehr viele Wasserschosse gebildet, werden nicht alle entfernt, sondern man dünnt nur stark aus, damit die verbleibenden im kommenden Jahr Blütenknospen ansetzen können.

Der Baum wächst zu stark

Der gepflanzte Baum überschreitet mit seinem Ausmaß die vorgesehene und unterlagentypische Größe. Er wächst zu stark und wird zu groß, so daß der vorgesehene Standraum nicht mehr ausreicht. Auch der Ertragsbeginn verzögert sich.

Abhilfe: Erster Grundsatz: keine Düngung zusätzlich und wenig oder gar keine Schnitteingriffe an der Krone. Auch das Waagerechtbinden steilstehender Fruchtäste verringert das Wachstum. Das Baumwachstum wird aber auch durch Wurzelschnitt gebremst bei gleichzeitiger Förderung des Ertragsbeginns. Beim Wurzelschnitt sticht man im zeitigen Frühjahr (Februar/März) mit einem Spaten 30–40 cm vom Stamm entfernt rings um den Baum spatentief in den Boden und verkürzt so die Wurzeln. Durch das verkleinerte Wurzelvolumen wird das Wachstum des Baumes gebremst. Diesen Vorgang wiederholt man bei Bedarf alle zwei bis drei Jahre.

Trotz starker Blüte kein Ertrag

Immer wieder bringen Obstbäume trotz einer übervollen Blüte im Frühjahr kaum oder keine Erträge.

Abhilfe: Es handelt sich um Sorten, die zur Befruchtung auf Pollen einer anderen Sorte angewiesen sind, sich selbst also nicht befruchten können. Steht kein Platz für einen weiteren Baum zur Verfügung, so veredelt man in den schlechttragenden Baum eine sogenannte Befruchtersorte auf. Oft genügt schon ein Zweig einer anderen Sorte, möglichst in der Kronenmitte, um den Ertrag zu sichern.

Es bilden sich abgestorbene, eingesunkene Stellen

Dabei handelt es sich um einen Befall durch den Krebspilz; man spricht vom Baumkrebs. Der Baum versucht durch Überwallen die Wunden zu schließen. Dies wird durch die Pilzsporen verhindert.

Abhilfe: Die Infektion kann nur über eine offene Wunde erfolgen, wobei schon das Aneinanderreiben zweier Äste oder Hagelschlag eine solche hervorrufen kann. Erstes Ziel ist es daher, Wundstellen sofort mit Wundverschlußmitteln zu behandeln. Befallene Stellen müssen bis ins gesunde Holz mit einer scharfen Hippe ausgeschnitten werden, wobei auf glatte Wundränder und -flächen zu achten ist. Jede Unebenheit vergrößert die Wunde! Anschließend werden die Wunden sorgfältig verstrichen. Befinden sich große Krebswunden an nicht für den Aufbau der Krone notwendigen Ästen, so entfernt man diese ganz. Bei jungen Trieben zeigt sich der Krebs als Spitzendürre. Hier hilft nur

Ein mit Baumkrebs befallener Stamm.

Mit der Hippe wird die Stelle sauber ausgeschnitten und mit Baumwachs bestrichen.

ein Rückschnitt bis ins gesunde Holz. Die befallenen Triebe und krankes, ausgeschnittenes Holz müssen entfernt und entsorgt werden, um Neuinfektionen möglichst zu verhindern. Krebsfördernd wirken sich schwerer Boden und stauende Bodennässe aus; man sollte daher im Bedarfsfall entsprechende Vorsorge treffen.

Veredlungen

Veredlungen wachsen nicht an

Das aufveredelte Edelreis treibt nicht aus und vertrocknet.
Abhilfe: Man schneidet das Edelreis nicht später als Ende Januar, also während der Hauptwinterruhe, und achtet auf eine vorschriftsmäßige Lagerung. Auch eine falsche Veredlungstechnik oder ein schlechtes Verstreichen mit Baumwachs und das dadurch mögliche Eindringen von Wasser und Luft lassen eine Veredlung erfolglos werden.

Okulationen werden abgestoßen

Die Okulationen werden vom Baum nicht angenommen, das Auge vertrocknet und fällt ab. Die Okulation muß wiederholt werden.
Abhilfe: Der Verband muß dabei straff angelegt werden, so daß sich Kambium von Edelauge und Unterlage innig verbinden. Das Edelauge muß genügend Kambiumfläche haben und das Holz ausgelöst sein. Beim Einfügen des Edelauges in den T-Schnitt muß Kambium auf Kambium fest aufliegen. Die Okulation mit einem Gummiband, Bast oder einer Gummimanschette fest umschließen.

Die obere Veredlung ist nicht angewachsen, das Edelreis kann nicht austreiben und trocknet ein.

Beerenobst

Himbeeren und Brombeeren bilden einen Urwald

Himbeeren und Brombeeren bilden ein Dickicht, so daß die Pflegemaßnahmen und die Ernte kaum noch erfolgen können.

Abhilfe: Konsequentes Entfernen abgetragener Ruten gleich nach der Ernte, zurücknehmen von Geiztrieben und rechtzeitiges und vor allem laufendes Erziehen am Gerüst sind die Voraussetzungen, um ein pflegeleichtes Spalier zu bekommen.

Ovale violette Flecken an Himbeerruten

An den Himbeerruten zeigen sich ovale violette Flecken, die gefürchtete Himbeerrutenkrankheit. Die Ruten sterben vor der Ernte ab.

Abhilfe: Man sorgt durch frühes Ausschneiden der abgetragenen Ruten für eine bessere Durchlüftung der Hecke und zieht die Himbeerruten in nicht zu dichtem Abstand auf ein Drahtgerüst. Kranke Ruten werden sofort entfernt. Ist die gesamte Anlage stark befallen, so rodet man sie zweckmäßigerweise und pflanzt mit gesundem Material möglichst auf einem anderen Standort.

Stachelbeertriebspitzen überziehen sich mit einem weißen Belag

Der Stachelbeerstrauch leidet unter dem Befall von Amerikanischem Stachelbeermehltau. Beim Winterschnitt wurden die Triebspitzen nicht oder nicht genügend eingekürzt.

Abhilfe: Alle befallenen Teile müssen abgeschnitten werden; dabei ist darauf zu achten, daß keine mit Mehltau behafteten Triebe am Boden liegenbleiben. Beim kommenden Winterschnitt werden alle Triebspitzen um 3–4 cm eingekürzt, und besonderes Augenmerk wird auf einen lockeren Kronenaufbau gelegt.

Kiwi bringen keine Früchte

Große Kiwisträucher blühen zwar, bringen aber keine Früchte.

Abhilfe: Da Kiwi weibliche und männliche Pflanzen haben, muß der fehlende Partner nachgepflanzt werden. Man unterscheidet das Geschlecht des Strauches an den Blüten; die männliche Blüte besitzt nur Staubgefäße und hat einen Durchmesser von 4 cm, die weibliche trägt zahlreiche Griffel und Narben und hat einen Durchmesser von 5–6 cm.

Kiwis sind zweihäusige Pflanzen, d. h., es gibt entweder nur weibliche oder nur männliche Pflanzen. Eine männliche Kiwiblüte trägt viele Staubgefäße und sorgt für die Bestäubung der weiblichen Blüten.

An schwarzen Johannisbeeren bilden sich große, runde Knospen

An schwarzen Johannisbeersträuchern entwickeln sich große, runde, dicke Knospen (Rundknospen), die aber keine Blütentraube hervorbringen.

Abhilfe: Es handelt sich um einen Befall durch die Johannisbeergallmilbe. Die einzige Bekämpfungsmöglichkeit besteht im Rückschnitt der befallenen Triebe. Die entfernten Triebe dürfen nicht am Boden liegenbleiben, sondern werden entfernt und entsorgt. Ist ein Strauch sehr stark befallen, empfiehlt sich die Rodung und das Neupflanzen mit gesundem Pflanzmaterial.

Schnitt-Praxis

Schnittwerkzeug

Wie bei allen Arbeiten, so gilt auch beim Obstbaumschnitt die Regel: 'Gutes und richtiges Werkzeug ist Voraussetzung zum Erfolg'. Mit falschem oder stumpfem Werkzeug wird oftmals viel Schaden angerichtet. Vor Beginn der Arbeit sind die Scheren und Baumsägen vor allem auf ihre Schärfe hin zu kontrollieren, denn mit stumpfem Schnittwerkzeug werden die Äste und Zweige gequetscht oder ausgefranst.

Scheren

Eine Erleichterung beim Schneiden bringen die heute üblichen Baumscheren aus Leichtmetall, bei welchen sowohl die Griffe wie

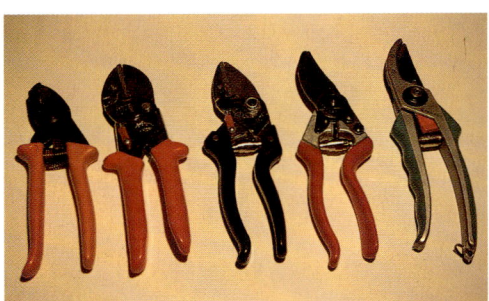

Gartenscheren werden in unterschiedlichen Ausführungen angeboten. Am besten, man probiert mehrere aus, bevor man sich zum Kauf entscheidet.

auch die Klingen ausgetauscht bzw. erneuert werden können. Die früher üblichen Stahlscheren gehören im wahrsten Sinne des Wortes 'zum alten Eisen'. Es gibt eine Vielzahl von Ausführungen, so daß sicherlich jeder Baumbesitzer die für ihn günstigste und am besten in der Hand liegende Schere finden wird. Einer zweischneidigen Schere mit zwei geschliffenen Klingen ist gegenüber einer einschneidigen Schere der Vorzug zu geben.
Für das Schneiden von Beerenobst ist eine sogenannte Zweihandschere von Vorteil, da sie längere Griffe hat und es so ermöglicht, auch im Inneren der Sträucher einen sauberen und einwandfreien Schnitt vornehmen zu können.
Für das Schneiden im oberen Kronenbereich, besonders für Mehltautriebe etc. sowie den Schnitt im Sommer, bieten sich die sogenannten Stangenscheren für die oberen, schwerer erreichbaren Kronenteile (Baumwipfel) an.

Sägen

Gilt es, Zweige und Äste von mehr als ca. 2 cm Durchmesser zu entfernen, so setzt man eine Baumsäge ein. Auch hier besteht die Wahlmöglichkeit zwischen verschiedenen Modellen. Ein genaues Arbeiten ermöglicht eine Bügelsäge mit verstellbarem Blatt. Mit Blattsägen, die an einer Stange aus einer größeren Distanz eingesetzt werden können (Schwertsägen), geht die Arbeit etwas

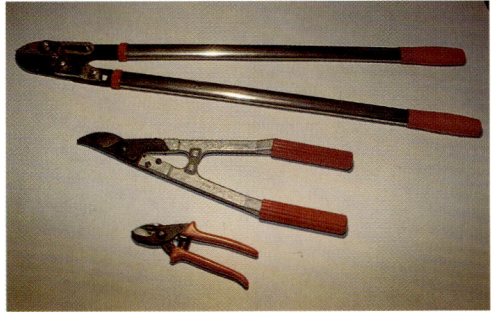

Verschiedene Scheren: Je länger die Hebel, desto dickere Äste können geschnitten werden.

Auch Sägen gibt es für jeden Zweck in verschiedenen Größen.

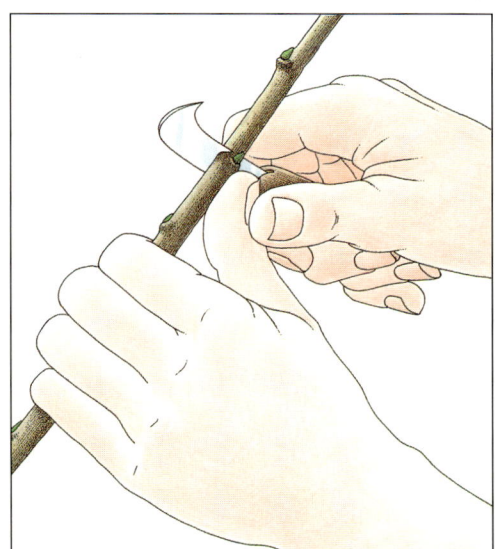

Mit einer Hippe lassen sich besonders saubere Schnitte an Trieben mit geringerem Durchmesser durchführen.

schneller, jedoch auf Kosten der Exaktheit. Auf alle Fälle sollten die Schneideblätter, je nach Einsatzhäufigkeit, etwa alle zwei Jahre geschärft werden. Diese Arbeit läßt man am besten von einem Fachmann ausführen.

Messer

Geübte und erfahrene Gärtner können Schnittmaßnahmen auch mit einem scharfen Gartenmesser, der Hippe, durchführen. Dies empfiehlt sich besonders beim Schnitt junger, dünner Triebe, da mit der Hippe keine Quetschungen entstehen. Die Hippe wird auch zum Ausschneiden von Wundrändern bei größeren Wunden verwendet, um eine möglichst rasche Wundheilung zu fördern (siehe S. 42).

Steighilfen

Viele Unfälle beim Ernten und Schneiden von großkronigen Bäumen ereignen sich jährlich aufs neue und sind vielfach ein Argument, diese großkronigen und landschaftsprägenden Bäume zu roden. Doch leider sind diese Unfälle oft die Folge unzulänglicher Steiggeräte oder deren falscher Handhabung.

Daß im Erwerbsobstbau dank der schwach wachsenden Unterlagen der größte Teil der Ernte- und Pflegearbeiten vom Boden aus erledigt werden kann, ist im Hinblick auf die Unfallverhütung ein großer Fortschritt.

Pflückschlitten

Wo die Bäume allerdings höher werden, muß ganz klar die Forderung nach der richtigen Ausrüstung gestellt werden. Für Baumhöhen bis ca. 3 m ist der sogenannte Pflückschlitten eine ideale Steighilfe. Seine nach oben konisch zulaufende Form gibt ihm eine hohe Standsicherheit, da seine ca. 80 cm hohe Auftrittfläche immer kleiner ist als seine Auflagefläche am Boden. Achtet man darauf, daß seine Kufen immer gut auf dem Boden aufliegen und der Pflückschlitten nicht wackelt, so bietet er zur Ernte und zum Schnitt einen sicheren Stand.

Bockleitern

Ist die Krone höher, als sie vom Schlitten aus erreicht werden kann, so bieten sich Bockleitern an. Niemals dürfen Haushaltsleitern verwendet werden, da sie bei Belastung im weichen Boden einsinken und seitlich weg-

Der sogenannte Pflückschlitten ist ein sicherer Helfer für Schnitt- und Erntearbeiten.

Für Bäume, an deren dünne Äste keine Leiter angelehnt werden kann, bietet sich die Bockleiter an.

kippen! Holme und Stützen einer Bockleiter, die aus Holz oder Leichtmetall bestehen kann, sind mit Metallspitzen gegen Wegrutschen und ausreichend großen Fußplatten gegen Einsinken abgesichert.

Die Holme einer 3-Bock-Leiter laufen konisch von unten nach oben zusammen. Die Leiter ist unten ca. 1 m breit und verjüngt sich bis zur obersten Sprosse auf rund 30 cm. Die enorme untere Breite verleiht diesen Leitern eine hohe seitliche Stabilität. Die einholmige Stütze ermöglicht auch ein problemloses Aufstellen solcher Leitern bei Bäumen mit tiefen Kronen, da der Holm leicht zwischen den Ästen hindurch am Boden aufgesetzt werden kann. So finden diese Leitern hauptsächlich Verwendung bei Niederstämmen und bei noch jungen Halb- und Hochstämmen, deren dünne Leitäste den Einsatz von Anlegeleitern noch nicht erlauben.

Anlegeleitern

Anlegeleitern aus Holz oder Leichtmetall finden neben Bockleitern bei höheren Bäumen Verwendung. Sie müssen, wie der Name sagt, am Baum angelegt werden, und zwar am besten an ausreichend stabile Astgabelungen, die ein seitliches Ausbrechen verhindern. Besonders wichtig ist ein sicherer Stand am Boden, weshalb diese Leitern immer mit ausreichend dimensionierten Spitzen an den Holmen versehen sein müssen, die auch fest in den Boden einzudrücken sind. Für den Fall, daß die Astgabelung nicht ausreichend stabil oder so hoch ist, daß sich die Leiter durchbiegen kann, haben findige Leute eine ganze Palette von Stützeinrichtungen entwickelt, deren man sich unbedingt bedienen sollte.

Wichtig ist, daß die Leitern in einwandfreiem Zustand sind. Vor allem bei Holzleitern sollte man jede einzelne Sprosse prüfen, indem man die Leiter flach auf den Boden legt und jede Sprosse einzeln mit dem gesamten Körpergewicht belastet. Treten Zweifel an der Belastbarkeit einer Leiter auf, ersetzen Sie diese durch eine stabile neue Leiter. Denken Sie daran, Sie arbeiten ohne Netz!

Schnitt-Technik

Zum besseren Verständnis der später im Detail ausgeführten Schnittmethoden bei den einzelnen Obstarten werden nachstehend Begriffe aus der Schnittechnik erläutert.

Beim **Absägen von Ästen** führt man den ersten Schnitt etwa 20 cm vom Stamm entfernt durch. Zuerst wird etwa ein Viertel der Aststärke von unten her eingesägt und dann 1 cm weiter außen der Ast so lange von oben her eingesägt, bis er bricht. Dieses Absägen von oben und unten verhindert das Splittern von Holz und Rinde. Anschließend wird der Stummel am Stamm sauber abgesägt. Die Schnittränder werden mit der Hippe geglättet, eine größere Wunde (größer als ein 2-Mark-Stück) mit Baumwachs verstrichen, um das Eindringen von Krankheitskeimen, Pilzen etc. zu verhindern und ein gutes Überwallen der Wunde zu erreichen (siehe auch S. 42).

Beim sogenannten **Anschneiden** eines einjährigen Langtriebes ist darauf zu achten, daß der Schnitt dicht an der Knospe sauber durchgeführt wird, ohne jedoch die Knospe zu verletzen, da diese im folgenden Jahr einen starken Neutrieb bringen soll.

Fruchtruten können durch Schnittmaßnahmen auf einen obenstehenden, jüngeren Trieb verjüngt werden **(Aufleiten)** bzw. durch einen Rückschnitt auf einen jüngeren Nebentrieb **(Ableiten)** im Wuchs verkürzt werden.

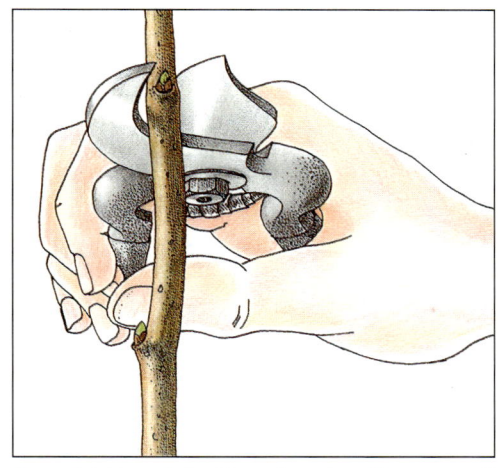

Der richtige Schnitt nahe der Knospe mit der Schere. Die Schere sollte gegenüber der Knospe schräg angesetzt werden, so daß kein Zapfen entsteht, der schlecht überwallt werden kann.

Das Zerstören von Blattknospen mittels Fingernagel oder Schere bezeichnet man als

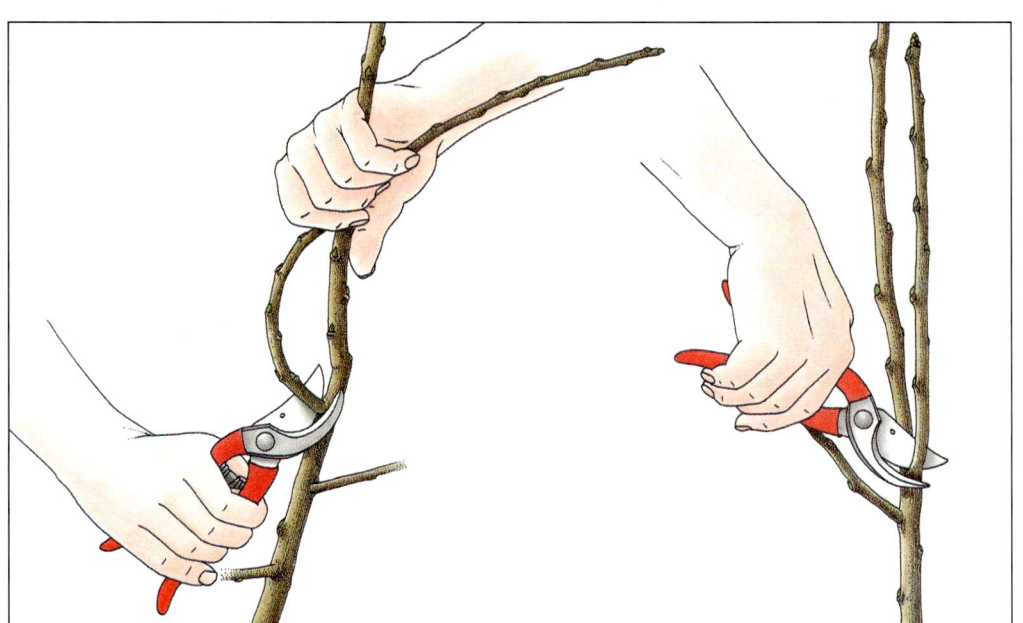

Beim Entfernen eines Konkurrenztriebes wird die Schere von unten angesetzt. Dabei wird der Trieb mit der anderen Hand festgehalten. Rechts sieht man, wie es nicht sein sollte: die Schere wird von oben angesetzt, die Schnittstelle kann dadurch ausfransen und verheilt schlechter.

Blenden. Dies geschieht meist bei der der angeschnittenen Knospe folgenden Blattknospe (Konkurrenzknospe).

Um ein Verkahlen bei Kirschen zu verhindern und die Garnierung der Triebe zur Baummitte hin zu fördern, kann man bei einjährigen Trieben den oft knapp hinter der Terminalknospe sitzenden Kranz von Triebknospen entfernen **(Ausknospen).**

Steinobstbäume bringen nur sehr wenige schlafende Knospen hervor. Meist sind ältere Knospen nicht mehr lebensfähig. Daher muß beim Schnitt auf einen Seitentrieb oder einen Trieb mit gut ausgebildetem Knospenbukett ausgewichen werden. Diese Maßnahme wird als **Schnitt auf einen Seitentrieb** bezeichnet. Will man erreichen, daß der Ast gerade weiterwächst, bindet man ihn in die gewünschte Richtung.

Beim **Schlankschneiden** nimmt man bei zweijährigen Fruchtruten starke Seitentriebe weg. Man erreicht damit zweierlei: Erstens werden durch diese Maßnahme Blätter entfernt, dadurch wird eine bessere Belichtung im Baum geschaffen und das Dickenwachstum gebremst; zweitens wird erreicht, daß die Blütenknospen an den vorhandenen Kurztrieben als Endknospe gestärkt werden. Schneidet man überzählige Jungtriebe von Fruchtruten oder -ästen nicht ganz ab, sondern nur auf die letzte Knospe zurück, so bilden sich im folgenden Jahr Triebe, die ein Jahr später blühen als die ungekürzten. Durch dieses **Zurückstellen** kann man der Alternanz entgegenwirken.

Um gutes, kräftiges Fruchtholz zu bekommen, entfernt man zu starke einjährige Triebe bis zur Basis, d.h. bis zum Übergang vom ein- zum zweijährigen Holz. Dieser Vorgang wird als **Stauen** oder **Schnitt auf Basis** bezeichnet.

Binden (Heften), Sperren

Binden (Heften)

Für jeden Obstbaum gilt: Je flacher sich ein Trieb entwickelt, um so leichter wird er Blütenknospen bilden; als erfreulicher Nebeneffekt wird auch das Längenwachstum eingeschränkt und damit schon eine Voraussetzung für einen kleinbleibenden Baum geschaffen.

Diese natürlichen Eigenschaften des Baumes kann man sich zunutze machen, indem man steil nach oben wachsende Triebe möglichst in die Waagerechte bringt. Dabei ist unbedingt darauf zu achten, daß sich die Triebe nicht zu tief neigen und die Spitze keinesfalls zum Boden zeigt. Es darf sich auch kein Bogen bilden, sondern der Trieb muß sich von der Basis an in gerader Linie parallel zum Boden befinden. Bildet sich ein Bogen, so treibt der Baum an der höchststehenden Triebstelle Wasserschosse, die später den Schnittaufwand erhöhen und die Krone zu dicht werden lassen. Mit jedem Stückchen, das der Trieb mehr in die Höhe zeigt, nimmt sein Längenwachstum zu und verringert sich der Blütenknospenansatz.

Die unteren seitlichen Triebe sind für einen früheren Blütenknospenansatz heruntergebunden.

Das Herunterbinden von Fruchtästen fördert die Blütenknospenbildung. Mit Klammern (rechts) wurde früher gearbeitet, wegen der größeren Gefahr von Verletzungen ist man heute zu anderen Hilfsmitteln übergegangen. Wichtig ist, daß die Triebe nicht nur heruntergebogen, sondern vom Ansatz her in die Waagerechte gebracht werden.

Mit einer Schnur (Bast etc.), die man vom Stamm, eventuell auch vom Pfahl oder Gerüst, zum Ast führt, zieht man diesen vorsichtig herunter. An welcher Stelle des Triebes, die nicht zu weit von der Basis entfernt sein soll, das Bindematerial zu führen ist, um die gewünschte Stellung zu erreichen, muß man durch vorsichtiges Drücken mit der Hand feststellen. Es sollte sich an dieser Stelle auch ein Spießchen oder eine Unebenheit befinden, um die Schnur arretieren zu können. Führt man das Bindematerial nicht doppelt, sondern befestigt es mit Schleifen, so ist daran zu denken, daß der waagerecht gestellte Ast das Dickenwachstum verstärken wird und daher genügend locker gebunden werden muß, damit keine Einschnürungen auftreten.

Man kann die gleiche Wirkung auch mit der Anbringung eines etwa 100 g schweren Gewichts erreichen. Kleine Gewichte werden dabei an der gewünschten Stelle mittels Wäscheklammern etc. befestigt, wobei man den Punkt sorgfältig austarieren muß.

Im Frühsommer, der Zeit des stärksten Triebwachstums, können sich die Triebspitzen wieder aufrichten und nach oben wachsen, daher sollte man das Binden nicht vor der zweiten Junihälfte durchführen.

Will man bei neugepflanzten Bäumen einen zu waagerecht stehenden und daher

Auch mit kleinen Beton-Gewichten lassen sich Triebe in die Waagerechte bringen.

Zu steil stehende Triebe können mit sogenannten Sperrhölzchen flacher gestellt werden (links). Für den Kronenaufbau zu im Wachstum zurückbleibenden, aber zum

flache Triebe können durch Hochbinden steiler gestellt werden (rechts), dies fördert das Längenwachstum.

Kronenaufbau benötigten Leittrieb fördern, geschieht dies, indem man ihn hochbindet. Man kehrt also den vorher ausgeführten Effekt um. Diese Maßnahme kann schon im Frühjahr beim Austrieb vorgenommen werden.

Sperren

Stehen an einem Baum Äste, vor allem Leitäste, in einem zu steilen Winkel zur Basis bzw. zum Stamm (der Winkel sollte keinesfalls kleiner als 45° sein), und besteht dadurch die Gefahr der Bildung von Schlitzästen, so kann man dem mit Sperren abhelfen.

Man verwendet dazu ein gut fingerdickes Holzstück und sucht mit der Hand die Stelle, an der durch Druck die gewünschte Lage des Astes erreicht wird. Dort wird man das Sperrholz ansetzen. Durch die Auflage am Stamm entsteht ein Gegendruck, und die sich dadurch bildende Spannung hält das Sperrholz fest. Zum besseren Sitz desselben kann man an beiden Seiten eine Kerbe anbringen. Die Länge des Sperrholzes richtet sich nach der benötigten Hebelwirkung und ergibt sich aus der gefundenen Auflagestelle.

In der Regel kann man das Sperrholz beim Winterschnitt wieder entfernen, da sich der Erfolg mit Abschluß der Vegetation eingestellt hat.

Ast-Absägen und Wundbehandlung

Nicht nur bei den alljährlich wiederkehrenden Schnittmaßnahmen sind oftmals stärkere Äste zu entfernen, dies kann auch durch Schäden unterschiedlicher Ursachen

Dieser Baum trägt so viele Früchte, daß die Äste unbedingt abgestützt werden müssen.

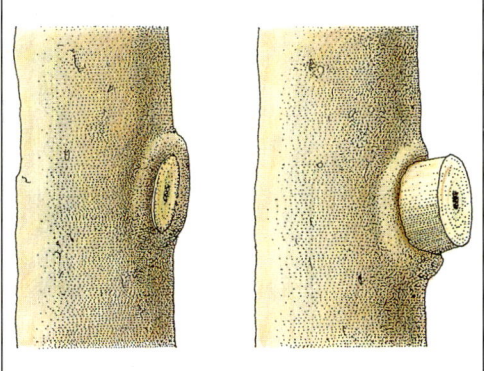

Dieser stärkere Ast ist dicht am Stamm abgesägt worden (links). Aststummel sollten nicht stehenbleiben, weil sich unter Umständen die Gefahr von Fäulnis erhöht (rechts).

notwendig werden. Man denke in diesem Zusammenhang nur an die leider häufigen Sturmschäden, Bruch von Ästen durch Schneelast oder starken Rauhreif oder einfach durch einen zu starken Fruchtbehang, bei dem wir es versäumt haben, eine rechtzeitige Stütze anzubringen.

Abgebrochene Äste sind fast immer gesplittert. Es ist sehr wichtig, die Wundstellen baldmöglichst zu behandeln, um ein Eindringen von Schadpilzen, Schädlingen oder ein Auftreten von Fäulnis zu verhindern. Es versteht sich von selbst, daß die Arbeiten nur mit geeignetem, vor allem scharfem Werkzeug vorgenommen werden, um alle weiteren, und seien es auch nur kleine, Verletzungen auszuschließen.

Ast-Absägen

Grundsätzlich ist zu beachten, daß keinesfalls ein Aststummel stehen bleibt, da dieser unter Umständen einen Fäulnisherd bilden kann. Man sägt immer möglichst glatt an der nächstgelegenen, stärkeren Verzweigung oder direkt am Stamm am Astring ab. Dabei geht man so vor, daß man zuerst von der unteren Seite etwa ein Viertel bis ein Drittel der Astdicke ansägt, um ihn dann wie üblich von oben her abzusägen. Damit wird vermieden, daß der abgesägte Ast durch

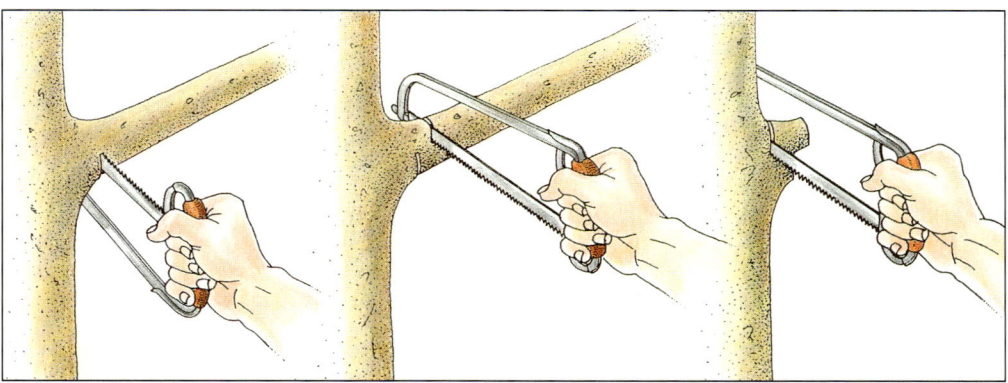

Richtiges Absägen Schritt-für-Schritt: Zuerst sägt man von unten, dann von oben den Ast an, so daß er an dieser Stelle abbrechen kann. Der saubere Schnitt am Stamm erfolgt danach ohne Probleme.

sein Eigengewicht absplittert und eine große Wunde bzw. Rindenschäden verursacht. Grundsätzlich ist davon auszugehen, daß kleine Wunden mit einer glatten Oberfläche und unbeschädigtem glatten Wundrand am besten und schnellsten verheilen. Der Schnitt sollte so ausgeführt werden, daß sich auf der Wundstelle kein Wasser ansammeln kann; man muß also auch auf die Neigung und Vermeidung von Wulsträndern achten.

Wundbehandlung

Wundbehandlungen an Bäumen können aber auch bei Krankheiten wie dem Obstbaumkrebs notwendig werden. Dabei werden die befallenen Stellen bis ins gesunde Holz sorgfältig zurückgeschnitten, keinesfalls dürfen kranke Stellen unbehandelt bleiben. Auch hier gilt das bereits oben Angeführte in bezug auf die Schnittausführung.

Behandelt werden sollten auch Fraßstellen von Hasen oder Rehen sowie Frostrisse der Rinde an Stamm oder Ästen.

Prinzipiell ist jede Wunde, die größer als ein 2-Mark-Stück ist, mit Wundverschlußmittel zu verstreichen, um ein sauberes, sicheres und rasches Verheilen zu gewährleisten. Befinden sich Schnittwunden an exponier-

Wühlmäuse und Feldmäuse fressen sehr gerne an den Wurzeln und an Rindenpartien unmittelbar über dem Boden. Bei zu starken Fraßschäden muß der Baum gerodet werden.

ten Stellen oder besteht die Gefahr von Fäulnis, so sind auch kleinere Wunden zu verstreichen. Es empfiehlt sich, bei größeren oder schlecht verheilenden Wunden bei Bedarf die Wundbehandlung zu wiederholen.

Eine sorgsame Kontrolle auf Wunden, Fäulnisstellen etc. und deren frühzeitige richtige Behandlung und Pflege danken uns unsere Bäume mit einem gesunden Wachstum, reicher Ernte und artgerechtem Alter, so daß wir für unsere Mühen reichlich belohnt werden.

Größere Wundstellen müssen mit Wundwachs behandelt werden. Die Ränder werden mit der Hippe sauber abgerundet. Mit einem Spachtel wird das Wundwachs aufgetragen, flüssige Wundverschlußmittel werden mit einem Pinsel verstrichen.

Baum- und Kronenformen

Der Baumschnitt gibt uns die Möglichkeit, die Baumkrone unter Berücksichtigung des jeweiligen art- und sorteneigenen Wuchscharakters nach unseren Bedürfnissen zu gestalten. Ausschlaggebend werden bei unseren Überlegungen natürlich die Verwendung und vor allem der vorhandene Platz sein. Man sollte sich auch über das Nachbarrecht informieren, das Auskunft gibt, welche Grenzabstände eingehalten werden müssen (siehe S. 24); man vermeidet damit viel Ärger und ein eventuell später notwendiges Umpflanzen eines Baumes.

In Abhängigkeit von der Stärke des Schnitteingriffes entstehen verschiedene Kronenformen. Naturgemäße Kronen sind durch einen Erziehungsschnitt formierte Kronen, die nur noch einen Überwachungsschnitt

Stamm und Krone erst machen den Baum, deshalb spricht man von der Baumform, wenn man den Stamm miteinbezieht. Hoch- oder Halbstamm sind also keine Bezeichnungen für eine Kronenform, sondern sie geben Auskunft über die Baumform. So können z. B. Hohl- oder Pyramidenkronen auf Stämmen unterschiedlicher Länge erzogen werden.

benötigen, ohne daß Eingriffe an älteren Organen vorgenommen werden müssen. Dieser Kronenform entsprechen die bei stärkerwachsenden Bäumen verwendeten Rundkronen wie z.B. Pyramiden-, Hohl- und Tellerkronen und die Längskronen wie Zwei- oder Dreiastkronen. Weniger naturnahe Kronen sind z.B. Spindeln, die durch regelmäßigen Fruchtholzschnitt an kurzen Fruchtästen gekennzeichnet sind. Von na-

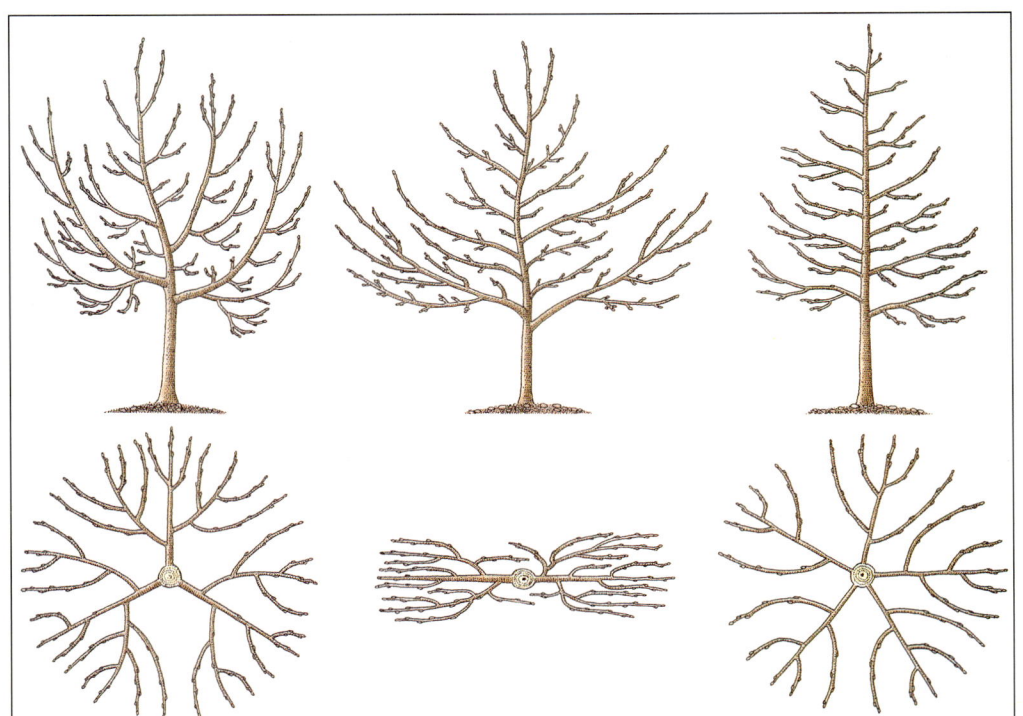

Die drei wichtigsten Kronenformen: Pyramidenkrone, Dreiastkrone (für die Heckenerziehung) und Spindelkrone.

turentfernten Kronen, sogenannten Kunst-kronen, spricht man, wenn z.B. wie bei den verschiedenen Spalierformen an den Leit-ästen ständiger Fruchtholzschnitt notwen-dig ist.

Für den Kauf von Bäumen ist es wichtig, daß die Baumformen, d.h. also die Länge des Stammes, festgelegt sind, denn danach richtet sich die Zeit, wie lange ein Jung-baum in der Baumschule war und dement-sprechend auch der Preis, den man für den jeweiligen Baum zu bezahlen hat.

In den „Gütebestimmungen für Baum-schulpflanzen des Bundes deutscher Baum-schulen (BdB) e.V." ist deshalb für Obst-gehölze verbindlich festgelegt:

»1jährige Veredlungen müssen mindestens 1 m lang sein, ausgenommen schwach-wachsende Sorten auf schwachwachsen-den Unterlagen, die 80 cm lang sein müs-sen.

Stammhöhe für mehrjährige Obstgehölze:

Büsche	40 – 60 cm
Niederstämme	80 – 100 cm
Halbstämme	100 – 120 cm
Hochstämme	160 – 180 cm

Sie müssen einen Mindeststammumfang haben und mindestens vier der Sorte ent-sprechende kräftige Triebe einschließlich des Leittriebes haben. Der Konkurrenztrieb soll entfernt sein.«

Mit diesen Bestimmungen sind die Mindestanforderung-en für den Kronenaufbau gegeben. Welche Kronen-form dann tatsächlich ge-wählt wird, kann jeder für sich selbst entscheiden. Grundsätzlich sind alle Kro-nenformen auf allen Stamm-längen möglich, nur machen Spindel- oder Längskrone auf Hoch- oder auch Halb-stamm wenig Sinn.

Während Pyramiden- und Hohlkronen bei Apfel und Birnen auf Hoch-, Halb- und Niederstamm üblich sind, wird man Kir-schen mit Pyramidenkronen eher auf Nie-derstämmen finden, damit sie nicht zu hoch werden. Für die Erziehung von Hohl-kronen bei Sauerkirschen, Pfirsichen, Nek-tarinen und Zwetschen kommen sowohl Halbstämme wie auch Niederstämme in Frage. Für die Tellerkrone bei Zwetschen wird man einen Niederstamm wählen, da-mit die flachen Leitäste unter dem Frucht-behang sich nicht zu weit auf den Boden neigen.

Hochstämme findet man heute vorzugs-weise in der freien Landschaft, da sie mit ihrem landschaftsprägenden Wuchscha-rakter viel Platz in Anspruch nehmen, der in den heute noch möglichen kleineren Gär-ten leider nicht mehr vorhanden ist. Viele Obsthochstämme sind Straßenverbreite-rungen zum Opfer gefallen oder wurden entfernt, um mit modernen Maschinen die Felder besser bewirtschaften zu können. Heute ist man sich des großen Nutzens solch großkroniger Bäume wieder bewußt geworden, und man findet überall wieder neugepflanzte Hochstämme verschiedener Obstarten und -sorten.

In ländlichen Gebieten sind Obstbäume auch als Straßen-bäume zu finden, deren Schnitt aber meist vernachlässigt wird.

Übliche Baum- und Kronenformen bei Kern- und Steinobst

Baumform (Stammhöhe)	Kronenform Rundkrone	Längskrone	Übliche Kern- und Steinobstarten
Hochstamm 160–180 cm	Pyramiden- Hohl-		Apfel, Birne Apfel, Birne
Halbstamm 100–120 cm	Pyramiden- Hohl-		alle Obstarten Pflaumen
Niederstamm (Meter- oder Viertelstamm) 80–100 cm	Pyramiden- Hohl- Teller-	Zweiast- Dreiast-	alle Obstarten Sauerkirsche, Pfirsich Pflaumen Apfel, Birne Apfel, Birne
Buschbaum 40–60 cm	Pyramiden- Hohl- Spindel-	Zweiast- Dreiast- Spaliere	alle, außer Kirsche Apfel, Birne Apfel, Birne Birne, Pfirsich, Nektarine, Aprikose, Sauerkirsche

Pyramidenkrone

Die Pyramidenkrone kommt der natürlichen Baumkrone am nächsten. Sie besteht aus einer Mitte und drei bis vier Leitästen, die gleichmäßig rund um die Mitte verteilt sein sollen und somit in alle Richtungen weisen, in der Höhe jedoch unterschiedlich angeordnet sind. Der Winkel der Seitenäste zum Mitteltrieb sollte etwa 50° betragen. Da dies meist nicht von Natur aus gegeben ist, helfen wir uns durch Binden und Sperren (siehe S. 38). In Abständen von 50–80 cm werden an den Leitästen Fruchtäste gezo-

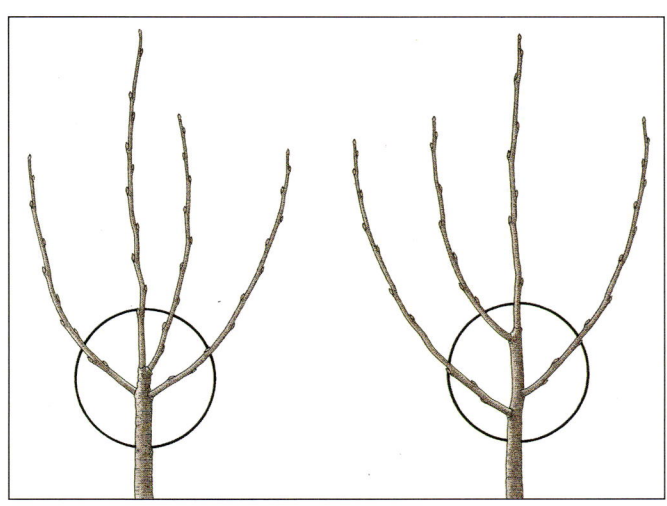

Die Leitäste dürfen nicht zu dicht an der Stammverlängerung angeordnet sein (Quirlbildung links). Besser sind Leitäste in unterschiedlicher Höhe (rechts).

gen. Dabei ist darauf zu achten, daß sie sowohl beim Längen- als auch Dickenwachstum den Leitästen untergeordnet bleiben. In den gleichen Abständen werden am Mitteltrieb Fruchtäste belassen. Beim Schnitt ist zu berücksichtigen, daß immer alle Seitenäste sowie der Mitteltrieb in möglichst gleichem Maße mit Fruchtästen und Fruchtholz garniert sind, um so eine gleichmäßige Pyramidenform der Baumkrone zu erreichen. Wird die Krone zu dicht aufgebaut, finden Licht, Luft und Sonne keinen Zugang ins Kroneninnere, und es entstehen minderwertige Früchte, bei Mirabellen oder Zwetschen z.B. beginnen die Früchte im Inneren einer zu dichten Krone zu faulen, weil sie nicht abtrocknen und dadurch ständig feucht sind. Die Pyramidenkrone ist eine Baumkrone, die sich für alle Obstarten und -sorten eignet. Man wird sich für sie entscheiden, wenn ein ausreichend großer Standraum zur Verfügung steht und man starkwachsende Arten, Sorten oder Unterlagen pflanzen will. Man kann sie auf Nieder-, Halb- oder Hochstämme aufbauen.

Die Wahl der Stammhöhe hängt von den örtlichen Gegebenheiten und der Nutzung des Gartens ab. Will man sich unter den Bäumen ungehindert bewegen können, so wählt man einen Hochstamm mit einer Stammhöhe von über 160 cm oder einen Halbstamm mit über 100 cm. Will man sich die Ernte und die Baumpflege erleichtern, so wählt man einen Niederstamm.

Ein Drahtgeflecht um den Wurzelballen schützt vor Wühlmausfraß.

Hoch- und Halbstämme brauchen, obwohl sie auf starkwachsenden Unterlagen stehen, für die ersten Jahre einen Halt mit einem Pfahl, denn sie sollen ja einen geraden Stamm bilden und nicht durch Wind und Wetter bedingt in Schräglage geraten. Die Wurzeln sind für Mäuse wahre Leckerbissen, und sie können ohne weiteres einen Baum zum Absterben bringen. Um ihnen den Appetit zu verderben, hilft nur, die 'Trauben' hoch zu hängen und den Wurzelstock des Baumes mit einem Korb aus Maschendraht, der leicht selbst herzustellen ist, zu pflanzen. Man muß natürlich auf die richtige Maschengröße achten. Aber auch Wild, vor allem Hasen und Rehe, genießen im Winter die Rinde junger Bäume. Hier hilft das Anlegen einer Wildschutzspirale.

Aufbau der Pyramidenkrone

Pflanzschnitt

Beim Pflanzschnitt werden die als Leitäste vorgesehenen Seitentriebe um ungefähr die Hälfte auf die gleiche Höhe eingekürzt. Der Mitteltrieb wird ebenfalls eingekürzt, er muß allerdings die Leitäste um 10–20 cm überragen. Die restlichen, zum Kronenaufbau nicht benötigten Triebe werden entfernt. Werden einjährige Veredlungen gepflanzt, können die zum Kronenaufbau nicht benötigten Triebe ebenfalls entfernt werden, wobei aber die unterhalb der Krone stehenden das erste Jahr nach der Pflanzung noch belassen werden sollten, um das Dickenwachstum des Stammes zu begünstigen. Sie werden dann im Winter nach dem ersten Standjahr an der Basis entfernt. Zu beachten ist, daß der Schnitt beim Einkürzen der Leitäste auf eine triebunterseits stehende Knospe geführt wird, um eine zu steil wachsende Triebverlängerung zu vermeiden. Im Prinzip wird man sich beim Schnitt immer am schwächsten benötigten Trieb orientieren.

Rundkronen kommen dem natürlichen Wuchs der Obstbäume am nächsten (von links nach rechts): vor dem Schnitt; der opti- *male Pflanzschnitt; ein zu langer Mitteltrieb mit Leitästen, die einen Quirl bilden und damit das Wachstum der Mitte behindern.*

Winterschnitt 2. und 3. Standjahr

Der Schnitt im nächsten Winter muß sich dem erzielten Formierungserfolg des Pflanzschnittes anpassen. Man orientiert sich wiederum am schwächsten Leitast. Haben sich überlange Triebverlängerungen gebildet, so ist dies ein Zeichen, daß zu stark zurückgeschnitten wurde; zeigt sich zur Mittelachse hin eine Verkahlung, so wurden die Triebe zu lang belassen. Hier gilt es, ein goldenes Mittelmaß zu finden, wobei natürlich auch auf den Wuchscharakter der einzelnen Arten und Sorten Rücksicht zu nehmen ist. Die Wuchsstärke wird allerdings auch von den Standortverhältnissen, Bodenzustand etc. abhängen. Prinzipiell kann man Mitteltrieb und Leitäste bis zu einem Drittel, höchstens jedoch um die Hälfte einkürzen. Man sucht sich vor dem Schnitt an den Leitästen von den nach außen wachsenden Trieben gesunde Fruchtäste aus, die einen Abstand zueinander von etwa 50–70 cm haben sollen, wo-

bei der unterste nicht näher als 40 cm beim Mitteltrieb stehen soll. Man schneidet die Fruchtäste so an, daß sie bis zur Spitze des Leitastes einen pyramidalen Aufbau bilden. Überflüssige starke Triebe, sowie Triebe, die an der Oberseite des Leitastes stehen, werden auf eine Knospe zurückgeschnitten, Kurztriebe läßt man unbeschnitten stehen. Treibt der Baum sehr stark, so bricht man die sich an der Oberseite der Leittriebe nach der Schnittstelle befindenden zwei bis drei Knospen aus (Blenden der Knospen). Ist jedoch nur ein schwacher Austrieb von bis zu 20 cm erfolgt, so bringt man die Triebe, ausgehend vom schwächsten und kürzesten, nur in das nötige Verhältnis zueinander. Ist der Austrieb nur ganz kurz und kümmerlich erfolgt, weil die Triebe zu lange belassen wurden, so schneidet man in das letztjährige Holz zurück, um einen kräftigen Austrieb zu erreichen.

Beim nächsten Winterschnitt wird nach dem vorstehend beschriebenen Prinzip

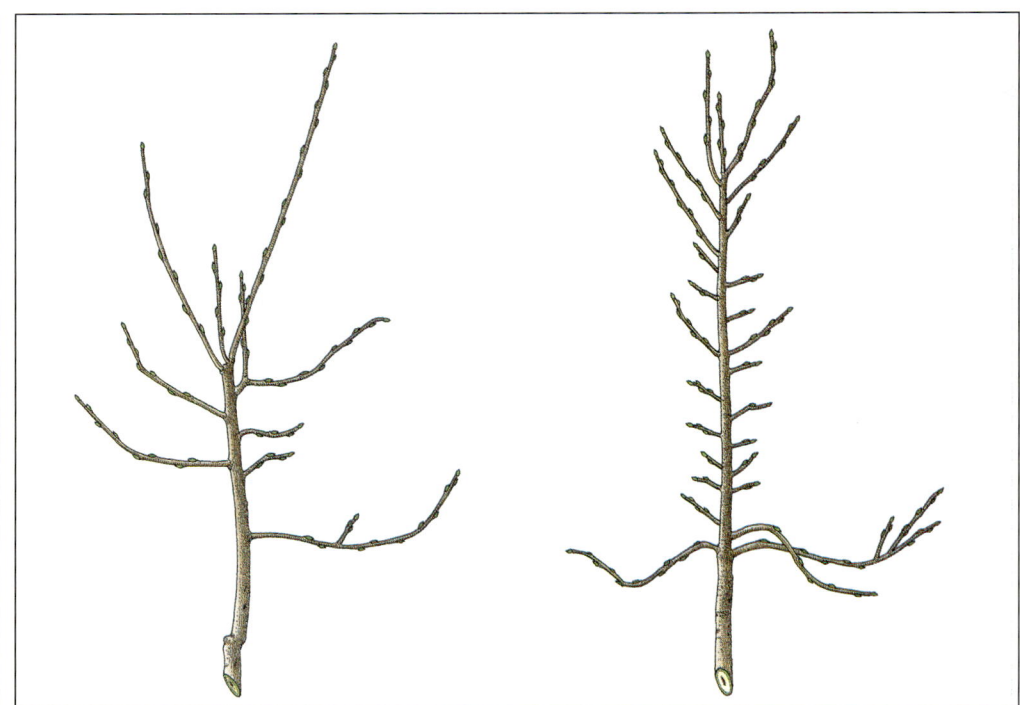

Ein Jungbaum mit und ohne Pflanz-schnitt: Durch das Einkürzen des Mittel-triebes werden die Seitenknospen zum Austrieb angeregt, der Baum verzweigt sich stärker und bleibt niedriger. Der ungeschnittene Jungbaum dagegen zeigt eine deutliche Schwächung des Seitenhol-zes.

vorgegangen. Der Mitteltrieb wird in der gewünschten Höhe auf ein zum letzt-jährigen Rückschnitt gegenständiges Auge zurückgeschnitten, damit eine mög-lichst gerade Verlängerung der Mitte ge-währleistet ist. Der Schnitt der Leit- und Fruchtäste entspricht dem des Vorjahres, wobei zwischen Fruchtästen und Frucht-holz zu unterscheiden ist, indem man star-ke Triebe auf die unterste Knospe an-schneidet und flache Fruchtspieße unge-schnitten läßt. Unsere Aufmerksamkeit muß sich jetzt auch vermehrt auf den sor-ten- und artentypischen Wuchs richten, d.h., daß man schwächer wachsende Arten und Sorten mehrere Jahre kürzer anschneidet, während man stark austrei-bende Sorten und Arten länger anschnei-den kann.

Erhaltungsschnitt

In den Folgejahren wird die Krone in ent-sprechender Weise behandelt. Man achtet darauf, daß der Zuwachs an Länge und Stärke im Verhältnis der Leitäste und des Mitteltriebes zueinander gleich bleibt, um die Stabilität der Krone zu gewährleisten. Mit zunehmendem Alter wird das Hauptau-genmerk beim Schnitt auf dem Ausgleich und der Korrektur von unterschiedlicher Wuchsentwicklung innerhalb der Krone lie-gen. Die Verlängerung der Leitäste und des Mitteltriebes sollte möglichst immer aus der dafür vorgesehenen, im letzten Jahr ange-schnittenen Knospe erfolgen. Ist der Verlän-gerungstrieb durch Krankheit oder Verlet-zung verkümmert und daher nicht mehr zu verwenden, greift man auf den nächsten Konkurrenztrieb zurück und baut diesen

auf. Wird er nicht ge-
braucht, muß er immer entfernt werden. Zu steile
Fruchtäste werden waage-
recht gebunden, um die Bildung von Blütenknospen zu
fördern. Die pyramidale
Form der Krone muß ge-
wahrt bleiben, da es sonst
zu einer Überbauung der
Krone kommt. Dies hat zur
Folge, daß das Kronen-
innere verkahlt, die Früchte
sich nur an den äußeren
Kronenteilen entwickeln
und der Baum aus dem

Hohlkrone bei der Sauerkirsche.

Gleichgewicht kommt. Erstrebenswert ist
am Baum ein- bis dreijähriges Fruchtholz, älteres sollte ausgeschnitten werden, da sich
daran zu viele kleine Früchte entwickeln.

Hohlkrone

Bei Obstarten, die zur Ausbildung ihrer sortentypischen Früchte auf viel Licht und Sonne angewiesen sind, wie z.B. Pfirsiche, Nektarinen und Aprikosen, wird man als Kronenform eine Hohlkrone wählen. Eine
Hohlkrone wirkt dem Verkahlen entgegen,
weil durch das Fehlen der Mitte mehr Licht
und Sonne in das Kroneninnere gelangen.
Aus diesem Grund werden z.B. Sauerkirschen mit einer Hohlkrone erzogen.
Eine Hohlkrone kann auf zwei Wegen erreicht werden. Man kann die Krone die ersten fünf bis sechs Jahre als Pyramidenkrone erziehen und entfernt dann den Mitteltrieb, so daß nur noch die Leitäste bleiben.
Die Hohlkrone kann aber auch von Anfang
an ohne Mitte nur mit den Leitästen aufgebaut werden. Der Aufbau der Leitäste und
des Fruchtholzes vollzieht sich wie bei der
Pyramidenkrone.
Wachsen die Leitäste ohne Mitte zu steil,
wie z.B. bei Süßkirschen, ist eine Erziehung
ohne Mitte nicht empfehlenswert. Ist eine

Pyramidenkrone fertig ausgebildet, kann es
angezeigt sein, der besseren Belichtung
wegen die Mitte zu entfernen. Oft ist die
Hohlkrone eine Notlösung beim Verjüngen
von vergreisten Pyramidenkronen, wenn
keine Mitte mehr aufgebaut werden kann.

Tellerkrone

Eine im Prinzip sehr flache Pyramidenkrone
ist die Tellerkrone. Bei mittel- bis starkwachsenden Zwetschenbäumen (siehe
auch Seite 92) will man mit dieser Erziehung eine Erleichterung des Ernte- und
Pflegeaufwandes und ein frühes Einsetzen
des Ertrages durch besonders flache Äste
erreichen. Bei dieser Erziehung wird die
Mitte im Gegensatz zur Pyramidenkrone
den Leitästen untergeordnet, d.h., die Mitte wird beim Pflanzschnitt sehr stark angeschnitten, während die Leitäste nur waagerecht gebunden werden. In den Folgejahren wird die Krone aus rund sechs bis acht
gut verteilten Leitästen aufgebaut, wobei
der Mitteltrieb jedes Jahr sehr stark zurückgenommen wird oder auf einen schwächeren Seitentrieb abgesetzt wird, was eine
bessere Garnierung bewirkt.
Beim Binden der Leitäste ist darauf zu achten, daß sie nicht unter die Waagerechte

gebunden werden, so daß der Austrieb aus den Endknospen unterbleibt.

Spindelkrone

Eine Spindel sieht, einfach gesagt, wie ein Tannenbaum aus, der von einer unteren Breite von ca. 2,50 m bis in eine Höhe von ca. 2,50–3,00 m gleichmäßig schmäler wird und in einer Spitze ausläuft. Dabei ist die sogenannte Mittelachse des Baumes, der Baumstamm also, mit Fruchtästen garniert. Im Gegensatz zu den bisher beschriebenen Baumformen fehlen bei der Spindel jegliche Art von Leitästen. Der Wipfel läuft in einen kurzen Seitentrieb aus, der in einem flachen Winkel angesetzt sein soll. Diese Kegelform garantiert eine gute Belichtung der Früchte, da die Länge der Fruchtäste von unten nach oben mit jedem

Astkranz abnimmt und so dem Licht und der Sonne Zugang in das Bauminnere verschafft.

Eine besondere Form der Spindel ist die sogenannte 'Schlanke Spindel' mit gleichem Aufbau, aber maximalem Durchmesser von 1,20–1,50 m und einer Höhe von maximal 2,50 m.

Die Spindel ist die Kronenform für schwachwachsende Unterlagen. Sie benötigt den geringsten Standraum und nutzt das Sonnenlicht am besten aus. Für unsere heute leider oft kleinen Hausgärten ist diese Form von großer Bedeutung; es wachsen dabei auch keine Äste über den Zaun in Nachbars Garten, was zweifelsohne zu einem friedlichen Miteinander beiträgt.

Auch die Pflegearbeiten und die Ernte lassen sich an einem kleineren Baum leicht und ohne jede Gefährdung durchführen, da das meiste vom Boden her erledigt wer-

Eine Spindel erinnert im Wuchs stark an einen Tannenbaum. Der Baum rechts ist dagegen zu stark überbaut. Es kann nicht genügend Licht ins Innere des Baumes gelangen, so daß die Fruchtausbildung mangelhaft bleibt.

den kann. Zu beachten ist, will man sich eine Spindel erziehen, daß ein Baum auf einer schwachwüchsigen Unterlage gekauft wird. Die Baumschulen bieten solche Bäume in reicher Auswahl mit allen gebräuchlichen, auch schon etwas älteren Sorten an. Da schwachwachsende Unterlagen nicht standfest sind und Spindeln sehr früh tragen, sind sie zeitlebens auf eine Stütze in Form eines Pfahles oder eines Drahtgerüstes angewiesen.

Die Baumschulen bieten für die Spindelbaumerziehung unterschiedliches Pflanzmaterial an. Günstig sind ein- oder zweijährige Veredlungen mit vorzeitigen Verzweigungen (siehe S. 148). Die Veredlungsstelle sollte sich unbedingt mindestens 15–20 cm über dem Boden befinden.

Aufbau der Spindel

Der Aufbau der Spindel ist vom vorhandenen Pflanzmaterial abhängig. Bei ein- oder zweijährigen Veredlungen mit vorzeitigen Verzweigungen wird nur die Mitte 20 cm über den Verzweigungen angeschnitten. Mit dem Aufbau der Fruchtäste beginnt man in einer Stammhöhe von 50 cm. Darunter befindliche Verzweigungen werden entfernt, zu steil stehende waagerecht gebunden oder, falls sie zum Kronenaufbau nicht benötigt werden, an der Basis abgeschnitten. Verzweigungen, die länger als 30 cm sind, werden auf dieses Maß eingekürzt, damit sie vom Stamm her nicht verkahlen. Ein Erziehungsschnitt entfällt bei der Spindel, da ja kein Astgerüst aufgebaut werden muß.

Weisen die Jungbäume keine vorzeitigen Verzweigungen auf, so schneidet man den Baum bei der Pflanzung in 1 m Höhe an. Durch diesen Rückschnitt treiben die unter der Schnittstelle befindlichen Knospen aus, und man erhält die notwendige Verzweigung. Der Astwinkel dieser Triebe ist meist sehr steil, so daß Konkurrenztriebe zu entfernen sind und viel Bindearbeit zu leisten ist.

Die Spindelform bietet gerade für kleinere Gärten viele Vorteile. So ist auch für einen Birnenbaum Platz genug.

Im der Pflanzung folgenden Winter wird in der Regel die Mittelachse bzw. deren Verlängerung nicht mehr angeschnitten. Ist sie jedoch zu stark gewachsen, leitet man sie auf einen kürzeren Konkurrenztrieb ab, der dann ungeschnitten bleibt. Bilden sich zu wenig Seitentriebe und ist der Baum dadurch schlecht garniert, wird die Mitte auch noch im zweiten, eventuell dritten Standjahr eingekürzt. Überzählige Triebe werden Ende August/Anfang September beim sogenannten Sommerschnitt entfernt. Stehen die Triebe zu steil, werden sie in die Waagerechte gebunden. Damit wird nicht nur ein früherer und besserer Ertrag gefördert, sondern auch das Triebwachstum erfährt eine Einschränkung. Beim Winterschnitt nimmt man nur kleine Korrekturen vor und entfernt die beim Sommerschnitt belassenen überflüssigen Triebe. Muß ein Rückschnitt zu langer Triebe erfolgen, so schneidet man auf eine an der Triebunterseite stehende Knospe zurück und vermeidet so einen sich zu steil entwickelnden Zuwachs.

Erhaltung der Spindel

Hat der Baum seine vorgegebene Größe und Form erreicht, so beschränkt sich der Schnitt auf das Entfernen abgetragenen Fruchtholzes und das Auslichten. Dabei dürfen aber keine Leitäste herangezogen werden, sondern durch laufende Holzerneuerung wird für junges Fruchtholz gesorgt und einer Verkahlung im Bauminneren vorgebeugt. Da sich am zwei- und dreijährigen Holz die besten Früchte entwickeln, sollte man immer für einen genügenden Anteil von Fruchtholz dieses Alters sorgen. Die Kegelform der Spindel ist unbedingt beizubehalten. Muß die Mittelachse eingekürzt werden, so nimmt man sie auf einen seitlichen, gut mit Blütenknospen besetzten Fruchtast zurück.

Zwei- und Dreiastkrone (Hecke)

Bei den bis jetzt beschriebenen Kronenformen handelte es sich um mehr oder weniger große 'Rundkronen'. Wo das Fehlen schwachwachsender Unterlagen eine Spindelerziehung nicht zuläßt, weicht man wegen arbeitswirtschaftlicher Vorteile auf eine Heckenerziehung mit sogenannten 'Längskronen' aus. Dabei müssen sich die Baumkronen in der Reihenrichtung stärker entwickeln, d.h. sie müssen länger als breit sein. Dies können wir durch gezielte

Die Dreiastkrone als Hecke.

Schnittmaßnahmen erreichen. Äste und Zweige der Krone können sich in der Längsrichtung berühren, jedoch sollte eine Hecke nicht breiter als 3 m und höher als 4 m werden. Durch die geringere Breite dieser Obsthecke werden auch hier die notwendigen Pflegearbeiten, Ernte und Bodenbearbeitung erleichtert.

Zur Stabilisierung der Hecke ist es vorteilhaft, ein Drahtgerüst zu erstellen. Drei bis vier Drähte sollten in einem Abstand von ca. 50 cm entlang der Bäume gespannt werden. Mit Hilfe der Spanndrähte können die Äste und Zweige auch durch Binden in die von uns gewünschte Stellung gebracht werden.

Wichtig ist eine gute Verankerung der Eckpfähle. Die Höhe des ersten Spanndrahtes richtet sich nach der Stammhöhe der zu pflanzenden Bäume und sollte etwa 10 bis höchstens 20 cm über den Leitästen liegen. Man bringt in Abständen von jeweils etwa 50 cm noch zwei weitere Drähte an, so daß das Gerüst eine Höhe von ca. 2,00–2,20 m erreicht.

Aufbau der Hecke

Zur Erziehung einer Dreiastkrone verwendet man am besten Bäume, die eine Stammhöhe von ca. 60–70 cm aufweisen. Die Krone besteht aus einem Mitteltrieb und zwei möglichst gleichwertigen Seitentrieben, die in die Reihenrichtung weisen müssen. Die Seitentriebe werden zu Leitästen erzogen und sollen in einem Winkel von ca. 45°, bei Birnen und Süßkirschen bis 60° zum Mitteltrieb stehen. Am Mitteltrieb und den Leitästen zieht man dann die Fruchtäste wie bei der Pyramidenkrone und achtet darauf, daß sie den Leitästen in Länge und Dicke immer untergeordnet bleiben.

Genau wie bei der Hohlkrone (siehe S. 49) erfolgt bei der Zweiastkrone die Erziehung ohne Mitte.

Auch bei dieser Baumform ist durch einen lockeren Kronenaufbau darauf zu achten,

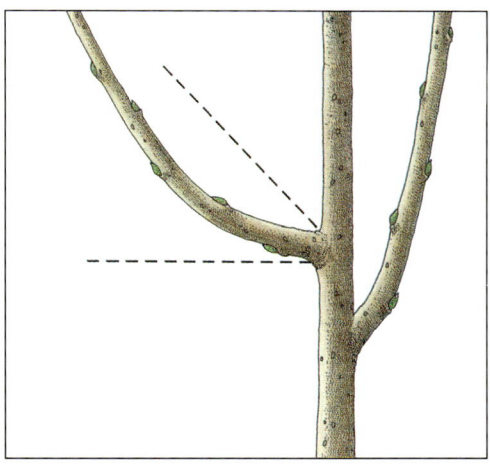

Der optimale Ansatzwinkel der Seitenäste liegt zwischen 45° und 90°! Der rechte Seitentrieb ist zu steil angesetzt, ein sogenannter Schlitzast. Bei stärkerer Belastung brechen solche Äste leicht.

daß Sonne und Licht Zutritt in das Bauminnere haben, um eine optimale Entwicklung der Früchte zu gewährleisten.

Für die wärmebedürftigen Birnen hat sich die Erziehung als Hecke besonders bewährt, weil bei dieser Erziehungsform die Sonneneinstrahlung und damit die Wärme den Früchten in hohem Maße zugute kommt. Man erstellt auch hier das Drahtgerüst schon vor der Pflanzung, jedoch vorteilhaft mit vier Spanndrähten.

Spalier-Formen

Wer einen Garten sein eigen nennt, hat meist auch ein Haus, einen Schuppen, eine Garage oder auch nur ein kleines Gartenhäuschen auf dem Grundstück stehen. Und alle diese Gebäude haben Wände, die wir für die platzsparende Nutzung mit Obstbäumen in Form von Wandspalieren verwenden können. Ein Wandspalier bringt vielerlei Vorteile. Außer der zweifellos rein optischen Verschönerung des Gebäudes

Ein Rebenspalier als Hausbegrünung.

und der Umgebung durch mehr Grün bringt es uns in den Gebäuden klimatische Vorteile. Die Wände werden vor schweren Schlagregen geschützt, und nicht zuletzt bringt uns das Spalier als Lohn für unsere Mühe dank der warmen und geschützten Lage an der Hausmauer herrliche Früchte. Durch die Wärmespeicherung der Wände tagsüber und Abgabe während der Nacht ist es möglich, an Südseiten wärmeliebende Obstarten wie z. B. Aprikosen oder Pfirsiche zu ziehen, die im freien Gelände ein zu rauhes Klima vorfinden und nicht mehr gedeihen. Wir werden also den wärmebedürftigen Obstarten den Vorzug geben.

Äpfel, Pflaumen, Mirabellen und Quitten sind robust und für freie Lagen geeignet. Süßkirschen eignen sich nicht für ein Spalier. Bevorzugt finden Birnen, Aprikosen, Pfirsiche, Nektarinen und Sauerkirschen Verwendung. Selbstverständlich kann man Wände von Gebäuden auch mit Weinreben oder den heute begehrten Kiwis begrünen.

Himmelsrichtung

Zu beachten gilt es auch, in welche Himmelsrichtung unsere auserwählte Wand zeigt. Am kritischsten ist dabei Nordwest bzw. Nordost, hier eignen sich allenfalls Sauerkirschen für eine Bepflanzung. Für nach Ost- bis Südost gerichtete Wände bieten sich Aprikosen, Pfirsiche, Nektarinen,

Sauerkirschen und Wein an. Die Südwand bietet Wein, spätreifenden Birnen, Aprikosen, Pfirsichen, Nektarinen und Kiwis optimale Bedingungen, während das nach Westen weisende Spalier (Südwesten, Nordwesten) für nicht zu spät reifende Birnensorten der richtige Standort ist.

Gerüstbau

Bevor wir ein Spalier errichten, müssen wir uns die Gegebenheiten vor Auge führen, denn eine hohe schmale Wand kann nicht genauso bepflanzt werden wie eine niedere breite. Wir müssen also vor der Pflanzung Klarheit haben, welche Spalierform die geeignetste ist und auch danach das Gerüst errichten. Zweckmäßigerweise erstellt man einen Plan, in welchem Türen, Balkon, Fenster etc. eingezeichnet werden. Das Gerüst wird mit Holzlatten und Draht errichtet und an der Hauswand gut verankert. Man kann die gewünschte Baumform bereits am Gerüst anzeigen; man erleichtert sich so die Erziehung des Baumes ganz erheblich.

Fehler bei der Auswahl von Obstart, Sorte, gewählte Spalierform und Unterlage können so gut wie nicht korrigiert werden, daher ist eine sorgsame Planung von größter Wichtigkeit.

Schnitt

Will man sich das günstige Kleinklima an einer Wand für den Anbau sehr wärmebedürftiger Obstarten zunutze machen, so muß man die Kronen der Obstgehölze mit viel Schnitt- und Pflegeaufwand in die Spalierform bringen.

Ganz allgemein gilt, daß für die Erziehung von Spalierformen dem Sommerschnitt des Fruchtholzes sehr große Bedeutung zukommt. Laufend muß das Spalier überwacht werden, damit sich nirgends Wasserschosse bilden, deren ungestörte Entwicklung auf Kosten des harmonischen Aufbaus des Gesamtspaliers gehen würde. Wo Wasserschosse entstehen, sind diese sofort zu beseitigen. An Stellen mit ausreichender Garnierung werden sie ganz entfernt, wo Verkahlung droht, werden sie immer wieder auf Stummel geschnitten, damit daraus Fruchtholz entsteht.

Beim Aufbau der Spalierform ist mit einem dem Wachstum des Baumes angepaßten Rückschnitt der Gerüstäste dafür Sorge zu tragen, daß keine Verkahlung entsteht. Zu schwacher Rückschnitt der Verlängerungstriebe bei schwacher Triebleistung führt zu Verkahlungen. Zu starker Rückschnitt dagegen bewirkt zu steilen und zu starken Austrieb der Seitentriebe. Deshalb werden in jedem Fall die Knospen hinter der Knospe an der Schnittstelle geblendet (siehe S. 37).

Steilere und kräftige Seitentriebe, die man für den Aufbau benötigt, müssen waagerecht gebunden werden.

Das für ein Spalier zu lange Fruchtholz muß entfernt werden (kurzer Fruchtholzschnitt).

Birnenspalier vor dem Schnitt.

Nach dem kurzen Fruchtholzschnitt.

Bei Wandspalieren werden immer alle Triebe entfernt, die von der Wand weg und auf die Wand zu wachsen. Hat man sich für einen kurzen Fruchtholzschnitt entschieden, müssen die parallel zur Wand stehenden Seitentriebe laufend eingekürzt werden, bis auf diese

Eine Birne als waagerechter Kordon an einer Hauswand.

Kurzer Fruchtholzschnitt

Weise Fruchtholz entsteht. Optisch nicht ganz so attraktiv, dafür allerdings dem natürlichen Wuchsverhalten der Obstgehölze etwas mehr entsprechend, ist der lange Fruchtholzschnitt, bei dem die Erziehung der Spalierformen nicht ganz so aufwendig ist und sich der Unterhaltungsschnitt auf ein regelmäßiges Erneuern des Fruchtholzes beschränkt. Nachstehend einige gebräuchliche Spalierformen.

Kordon

Der Schnurbaum oder Kordon bietet uns den Vorteil, an einer Wand mehrere Sorten nebeneinander unterbringen zu können, da das Spalier aus mehreren Bäumen besteht, die in einem Abstand von etwa 60 cm gepflanzt werden. Vorzugsweise besorgen wir uns in der Baumschule einjährige Veredlungen auf schwachwachsenden Unterlagen. Die zu pflanzenden Bäume sollten keine Seitenverzweigungen aufweisen. Steinobst ist für die Erziehung als Kordon mit kurzem Fruchtholz ungeeignet.

Senkrechter Kordon

Der senkrechte Kordon eignet sich sowohl für Wandflächen als auch für freistehende Drahtspaliere, die jedoch eine Höhe von 2,5–3 m haben müssen. Zu beachten ist, daß keine kahlen Stellen entstehen. Um dies zu vermeiden, schneidet man bei Sorten, die zur Verkahlung neigen, über den unteren Knospen halbmondförmige Kerben ein, dadurch werden diese zum Austrieb angeregt. Man schneidet nach den

Regeln des kurzen Fruchtholzschnittes. Würde man den langen Fruchtholzschnitt anwenden, wäre kaum noch ein Unterschied zur schlanken Spindel.

Waagerechter Kordon

Den waagerechten Kordon können wir entlang von Wegen, Mauern etc. ziehen. Bei ihm gelten die gleichen Voraussetzungen wie beim senkrechten Kordon. Bei der Erziehung heften wir den Trieb, wie schon der Name sagt, in die Waagerechte. Die Triebspitze muß jedoch immer nach oben weisen. Stärkere Seitentriebe entfernt man, es sei denn, man will den waagerechten Kordon in mehreren Stufen übereinander ziehen.

Schräger Kordon

Mit dem schrägen Kordon bepflanzen wir vorzugsweise Wände und Mauern bis zu 2 m Höhe. Die Bäume werden wie beim senkrechten Kordon gepflanzt und ab einer Höhe von 50 cm schräg geheftet. Auf der Oberseite des Stammes entstehen gerne kräftige Triebe, die mit dem Sommerschnitt entfernt werden. Zu beachten gilt, daß beim schrägen Kordon das Spaliergerüst stärkeren Belastungen ausgesetzt ist und dementsprechend sehr fest verankert sein muß. Für die Planung und das Pflanzmaterial gelten die gleichen Voraussetzungen wie beim senkrechten Kordon.

U-Form

Die Erziehung eines Baumes in Form eines 'U' gibt dieser Methode den Namen. Im

Grunde besteht diese Form aus zwei senkrechten Kordons aus einem Baumstamm. Man pflanzt ein- oder zweijährige Veredlungen in einem Abstand von 1–2 m, je nach der gewünschten Distanz der beiden Leitäste. Diese richtet sich wiederum danach, ob langer oder kurzer Fruchtholzschnitt praktiziert wird. Der Abstand sollte jedoch auch bei kurzem Fruchtholzschnitt 0,5 m nicht unterschreiten, er wird in der Regel aber auch nicht mehr als

Ein Apfelspalier. Deutlich erkennt man die doppelte U-Form.

1 m betragen. Der Rückschnitt der beiden Leitäste erfolgt wie beim senkrechten Kordon; die Schnittstelle des Verlängerungstriebes sollte in Richtung Wand weisen, um nach vorne den Wuchs eines glatten Leitastes zu ermöglichen. Zu achten ist ferner darauf, daß die beiden Leitäste sich in Längen- und Dickenwachstum stets gleichen. Haben sie sich unterschiedlich entwickelt, so schneidet man den stärkeren Leitast kürzer als den schwächeren.

Von einer doppelten U-Form spricht man, wenn auf einer Ebene vier Leitäste hochgezogen werden, also zwei 'U' ineinander.

Verrier-Palmette

Werden mehrere U-Formen übereinander angeordnet, bezeichnet man diese Spalierform als Verrier-Palmette. Die Erziehung erfolgt entsprechend den Regeln der U-Form. Die Leitäste werden waagerecht herangezogen und bei Erreichen der gewünschten Länge in die Senkrechte gestellt. Dabei muß für jeden Ast der gleiche Abstand – ca. 50–100 cm je nach Fruchtholzschnitt – eingehalten werden. Das bedeutet, daß sich der waagerecht gestellte Abschnitt der Leitäste in jeder Stufe um den jeweils erstrebten Abstand verringert. Um eine schnelle

Begrünung der vorgesehenen Fläche zu erreichen, werden in der Regel drei Stufen mit jeweils einem Astpaar gezogen. Diese Größe bekommt man auch leicht in den Griff. Entscheidet man sich dafür, links und rechts der Leitäste langes Fruchtholz zu belassen, und nimmt dafür einen Abstand von bis zu 1 m zwischen den senkrechten Leitästen in Anspruch, so sollte man die Palmette mit nur zwei Astpaaren aufbauen.

Das Aufbauen einer Verrier-Palmette muß über mehrere Jahre erfolgen. Wichtig ist dabei, daß das unterste Astpaar bereits in der Senkrechten steht, bevor das folgende Astpaar gezogen wird. Nur so ist zu vermeiden, daß sich die jeweils obenstehenden Astpaare auf Kosten der tieferstehenden stärker entwickeln und der Baum so in ein Ungleichgewicht gebracht wird, wie es seinem natürlichen Wuchsverhalten entsprechen würde. Wenn das außenstehende Astpaar seine gewünschte Höhe erreicht hat, werden die nachfolgenden Leitäste in der Rangfolge von außen nach innen nachgezogen.

Fächerspalier

Im Gegensatz zu der U-Form oder der Palmette kann das Fächerspalier mit oder ohne Mitteltrieb geformt werden. Wird der Mitteltrieb jedoch bei der Pflanzung oder zu einem späteren Zeitpunkt entfernt, so wird durch die Schwächung der Mitte das Wachstum gleichermaßen auf den ganzen 'Fächer', also auch auf die Seiten hin gelenkt werden. Sind ca. zwei Drittel der gewünschten Spalierhöhe erreicht, sollte ausgefächert werden. Diese Spalierform empfiehlt sich in besonderem Maße für Steinobst, also Aprikosen, Pfirsiche, Sauer-

Die Fächer-Spalierform eignet sich besonders für Steinobst, kann aber auch bei der Birne angewendet werden.

kirschen, man findet sie nur selten bei Kernobst. Man pflanzt einjährige Veredlungen und beginnt mit der Formierung in ca. 50 cm Abstand zum Boden.

Bei diesem Spalierschema muß man immer darauf bedacht sein, die Leitäste nicht zu steil in die Höhe wachsen zu lassen, da sonst die tiefergestellten Baumpartien verkahlen und kein Fruchtholz mehr hervorbringen. Geht die Wuchstendenz mehr in die Waagerechte, so treibt der Baum willig aus, es können längere Fruchtruten gebildet und der lange Fruchtholzschnitt praktiziert werden. Man muß am ganzen Baum durch regelmäßige Fruchtholzverjüngung einen ständigen Neutrieb fördern.

Schnittzeitpunkt

Sommerschnitt

Der Sommerschnitt ist eigentlich schon lange bekannt, denn man hätte früher nie ein Spalier erziehen können, ohne mehrmals im Sommer einen For

Aufgelockerte Krone nach durchgeführtem Sommerschnitt.

mierungsschnitt vorzunehmen. Diese langjährigen Erfahrungen sind in den heute im modernen Obstbau praktizierten Sommerschnitt eingeflossen.

Grundsätzlich hilft man dem Baum durch Entfernen überflüssiger, für den Kronenaufbau nicht benötigter Triebe. Der Nährstoffstrom, der ja in gleichem Maße in die verbleibenden Baumteile geleitet wird, steht nun diesen in vermehrtem Maße zur Verfügung. Da diese Schnittmaßnahme erst nach Triebabschluß, also nicht vor Mitte August, erfolgen darf, bildet der Baum an den Schnittstellen keine weiteren Triebe mehr aus, er 'treibt nicht durch'. So werden durch das nunmehr erhöhte Nährstoffangebot die Größe der Früchte und durch den vermehrten Licht- und Sonneneinfall die Ausfärbung derselben gefördert. Die im Baum nunmehr reichlich vorhandenen Nährstoffe bewirken die Ausbildung von Blütenknospen, das Triebwachstum wird gebremst.

Entfernt werden Triebe, die steil nach oben oder in das Kroneninnere wachsen, ferner solche, die fruchttragende Äste überbauen und somit beschatten. Grundsätzlich schneidet man solche Triebe weg, die man auch beim Winterschnitt entfernen würde. Benötigt man Triebe zum Aufbau von Fruchtholz, so kürzt man diese auf die hinterste Blattrosette, beim Fehlen derselben auf ca. drei voll ausgebildete Blätter ein. Aus den Augen entwickeln sich Kurztriebe mit Blütenknospen. Obwohl die Blätter im Kroneninneren durch die vermehrte Licht- und Sonneneinstrahlung funktionsfähiger werden, d. h. besser assimilieren, sollte man doch auf ein ausgewogenes Blatt-Frucht-Verhältnis achten. Mit dem Sommerschnitt verbindet man praktischerweise die Arbeit des Waagerechtbin dens; man erkennt auf diese Weise besser, welche Maßnahmen wo und in welchem Umfang notwendig sind. Von selbst versteht sich, daß man alle dürren, kranken oder abgebrochenen Zweige entfernt und auch geschädigte Früchte ausplückt.

Neu gepflanzte Bäume werden noch keinem Sommerschnitt unterzogen. Sie benötigen jedes Blatt zum Aufbau von Wurzeln und Holz. Wenn sich Konkurrenztriebe zu stark entwickeln oder in das Kroneninnere wachsen, so werden sie lediglich entspitzt. Im zweiten Standjahr hat sich der Baum dann soweit entwickelt, daß man mit behutsamen Schnittmaßnahmen beginnen kann.

Winterschnitt

Wie schon ausgeführt, bewirkt ein starker Winterschnitt einen kräftigen Neutrieb, der auf Kosten der Anlage von Blütenknospen geht. Im Vordergrund der Schnittarbeiten im Winter steht die Pflege des Fruchtholzes. Müssen stärkere Astpartien entfernt werden, wird man diese Arbeit auch in den Winter und damit in die Vegetationsruhe legen.

Beim Winterschnitt entfernt man abgetragenes Fruchtholz. Haben sich Astpartien an den Enden sehr stark nach unten gebogen, so leitet man sie auf einen waagerecht stehenden, sich am Scheitelpunkt gebildeten Trieb ab. Entfernt werden alle nach innen wachsenden Triebe, ebenso solche, die tieferliegende überbauen. Um ein Verkahlen des Kroneninneren zu vermeiden, muß man beim Schneiden darauf achten, daß auch immer wieder Jungtriebe im Inneren der Krone aufgebaut werden, während man die sich an der Peripherie des Baumes willig ausbildenden Triebe nicht zu dicht werden läßt. Man kürzt allerdings nicht alle ein, sondern wird einzelne an der Basis entfernen.

Haben sich nach dem Sommerschnitt nochmals kräftige Triebe entwickelt, so werden diese im Winter auf bereits vorhandenes Fruchtholz abgeleitet oder, wenn dies fehlt, eingekürzt. Haben sich zu lange Fruchtholztriebe entwickelt, so werden sie auf eine Länge von ca. 15–20 cm zurückgeschnitten, wobei der Rückschnitt immer auf eine gut entwickelte Blütenknospe erfolgen soll.

Durch Spreizen und Binden werden die Äste in die für den Kronenaufbau gewünschte Stellung gebracht.

Auslichten des Fruchtholzes mit der Schere.

Ein Verjüngungsschnitt erfordert viel Schnittarbeit.

ästen aufbauen. Die Stammverlängerung wird wie beim Aufbau einer Pyramidenkrone im Verhältnis zu den Leitästen zurückgenommen. Wo keine Möglichkeit mehr besteht, die Mitte zu verjüngen, entfernt man sie ganz und erzieht eine Hohlkrone (siehe auch S. 49). Langes Fruchtholz wird auf die gewünschte Länge eingekürzt, überflüssige, zu dicht stehende Triebe an der Basis entfernt ebenso wie alle nach innen in die Krone weisenden Äste und Zweige. Nach unten abgesenkte Triebe nimmt man bis zu dem an der Oberseite entwickelten Konkurrenztrieb zurück und baut mit diesem neues Fruchtholz auf. Man sollte in Zukunft nicht versäumen, diese verjüngten Bäume einer regelmäßigen Schnittbehandlung zu unterziehen.

Beim Winterschnitt sind besonders gut Ast- und Zweigstellen zu erkennen, die sich bei Wind aneinander oder an Gebäuden, Mauern oder anderen Obst- und Ziergehölzen reiben. Es entstehen dadurch immer wieder Rindenwunden, durch die Krankheitserreger oder Pilzsporen Eingang finden. Durch entsprechende Maßnahmen oder Rückschnitt wird man hier Abhilfe schaffen.

Es soll nochmals darauf hingewiesen werden, daß alle Wunden, die größer als ein 2-DM-Stück sind, mit Baumwachs behandelt werden sollten. Es hilft dem Baum beim Wundverschluß.

Zu beachten ist außerdem, daß Schnittmaßnahmen keinesfalls bei Temperaturen unter -8 °C durchgeführt werden dürfen.

Verjüngungsschnitt

Der sogenannte Verjüngungsschnitt wird auch im Winter während der Vegetationsruhe vorgenommen. Er wird notwendig, wenn ein Baum nicht regelmäßig gepflegt wurde und so frühzeitig vergreist. Sind größere Eingriffe notwendig geworden, so wird man die Arbeit zweckmäßigerweise auf zwei bis drei Jahre verteilen. Man beginnt, falls dies nötig ist, mit dem Entfernen eines oder mehrerer Leitäste, wenn diese sich zu stark gesenkt haben und von jungen, kräftigen Ästen überbaut werden. Man wird wie beim Kronenaufbau auf gut verteilte, kräftige und gesunde Äste aufleiten und diese zu neuen Leit-

Reaktion eines Baumes auf zu starken Verjüngungsschnitt.

Veredlungs-Praxis

Umpfropfen und Veredeln

Im deutschen Duden wird das Wort „pfropfen" wie folgt definiert: »durch Einsetzen eines wertvolleren Sprosses veredeln«. Veredeln heißt in diesem Sinne, den Obstertrag zu verbessern und ihn unseren Wünschen anzupassen.

Das Umpfropfen (Veredeln) war sogar schon den alten Römern bekannt und wurde von diesen auch fleißig angewandt.

Umpfropfen oder Veredeln kann aus mancherlei Gründen vorteilhaft sein. Der Kleingärtner und Hobbyobstbauer kann damit Befruchtungsschwierigkeiten aus dem Wege räumen, indem er eine zweite Sorte auf einen Obstbaum veredelt, wenn der Platz für weitere Bäume fehlt. Aber man kann auch z.B. auf einen Apfelbaum eine Vielzahl von Sorten aufveredelt und erreicht somit eine breite Palette von Früchten verschiedener Reifezeit und Verwendbarkeit. Aber die Arbeit empfiehlt sich auch, wenn wir eine Sorte haben, die bei den örtlichen Gegebenheiten nicht den gewünschten Erfolg bringt; dies kann sich im Fruchtertrag und Wachstum zeigen oder auch eine durch das Kleinklima hervorgerufene bzw. verstärkt auftretende Krankheitsanfälligkeit sein.

Haben wir uns zum Veredeln eines Baumes entschlossen, bieten sich für dieses Vorhaben verschiedene Möglichkeiten an. Allen Veredlungsarten gleich ist die unbedingte Notwendigkeit, nur Reiser von gesunden, gut tragenden Bäumen zu verwenden, um vor allem die Übertragung von Viruskrankheiten zu verhindern.

Walnußbäume können nicht selbst veredelt werden. Man muß sich die gewünschten Sorten in einer Baumschule besorgen. Die dort erhältlichen veredelten Walnußbäume bleiben im Wuchs kleiner als Sämlinge und finden so eher Platz in unseren heutigen Gärten.

Haselnüsse und die Beerensträucher können leicht durch Stecklinge sortenecht vermehrt werden, so daß sich das Risiko und die Arbeit des Veredelns hier nicht lohnen.

Da unser Obst ja bekanntlich zu den Rosengewächsen gehört, können auch Wild- und Edelrosen mittels Okulation mit Erfolg veredelt werden.

Veredlungswerkzeug

Messer

Veredlungsmesser gibt es in unterschiedlichen Ausführungen und Grifformen, so daß jeder ein für sich geeignetes Messer finden wird, denn es soll gut und sicher in der Hand liegen. Allen gleich ist eine Klinge aus bestem Stahl, die bei der Arbeit nicht an Schärfe verliert. Diese Messer bleiben bei guter Pflege über lange Zeit gebrauchsfähig. Sie werden nach Verwendung gut gereinigt, an einem trockenen Platz aufgehoben und die beweglichen Teile bei Bedarf geölt.

Die wichtigsten Messer (von links nach rechts): Hippe, Okuliermesser, Kopuliermesser und Krebsmesser.

Zum Okulieren ist ein leichtes Spezialmesser notwendig, da bei diesem Vorgang ja nur die Augen aus dem Reis geschnitten und die Rinde der Unterlage gelöst werden muß. Zu dieser Arbeit ist in erster Linie Geschicklichkeit erforderlich.

Die Hilfsmittel zur Veredlung: Wundwachs, Schleifstein, Spachtel, Messer und Bast.

Das Kopuliermesser, das sowohl beim Kopulieren als auch Pfropfen Verwendung findet, ist schwerer und die Griffigkeit des Heftes wichtig, da glatte Schnitte ausgeführt werden sollen. Aus diesem Grunde weisen die Klingen auch eine gerade Schnittfläche auf, die nur an der Oberseite, d.h. der Ballenseite geschliffen ist. Die Unterseite bleibt ungeschliffen. Dies ist auch beim Schärfen der Klingen zu beachten.

Noch stärker und mit einer breiten Klinge versehen ist die Hippe. Auch hier gibt es verschieden starke Ausführungen. Der Hobbygärtner wird zu einer mittleren Ausführung greifen. Die Hippe ermöglicht glatte Schnitte und einwandfreies Arbeiten bei stärkeren Reisern, erleichtert das Arbeiten beim Geißfußpfropfen und wird unentbehrlich beim Glattschneiden von Pfropfköpfen, Unebenheiten an der Rinde usw. Heute finden auch Linkshänder geeignete Kopuliermesser und Hippen im Fachhandel.

Scheren und Sägen

Für die verschiedenen Schnittarbeiten sind auch Gartenscheren erforderlich, die in den unterschiedlichsten Ausführungen angeboten werden. Vorzugsweise wird man eine zweischneidige Schere, also eine Schere mit zwei geschliffenen Klingen, verwenden, da bei dieser die Äste und Zweige am wenigsten gequetscht werden. Für das Abwerfen größerer Äste benötigt man eine

Säge, am besten eine Bügelsäge mit Spannhebel. Selbstverständlich muß auch diese einwandfrei arbeiten und glatte Flächen hinterlassen (siehe auch S. 40).

Schnitt und Aufbewahrung von Edelreisern

Edelreiser für die Veredlung schneidet man während der Winterruhe, am besten gegen Ende Dezember bis Januar. Vor allem Steinobstreiser dürfen nicht zu spät geschnitten werden. Bei starkem Frost verschieben wir die Arbeit, um Verletzungen durch das Schneiden zu vermeiden. Die einjährigen Ruten sollten kräftig sein und nicht unter der Stärke eines Bleistifts liegen. Zu beachten ist, daß mit zunehmender Stärke auch das Veredeln schwieriger wird.

Nach dem Schneiden werden die Reiser etikettiert (mit der Sorte bezeichnet), gebündelt und am besten in einem kühlen, feuchten Kellerraum aufbewahrt. Dort werden die Reiser etwa 10 cm in leicht angefeuchteten Sand gesteckt. Bei den besonders empfindlichen Kirschenreisern empfiehlt es sich, die Schnittstellen mit Baumwachs zu verstreichen. Keinesfalls dürfen die Reiser bei der Lagerung in der Nähe von Äpfeln stehen. Der Kellerraum sollte eine Temperatur von etwa 5 °C aufweisen; steigt die Temperatur an, so kann man durch Lüften regulierend eingreifen.

Ist eine Augenveredlung (Okulation) im Sommer vorgesehen, so werden die Edel-

Die Edelreiser werden gebündelt und etikettiert.

reiser erst unmittelbar vor dem Okulieren geschnitten. Die Blätter dürfen von den Reisern nicht gegen den Strich abgestreift bzw. abgerissen werden, sondern müssen sorgfältig und vorsichtig mit einer Schere oder einem scharfen Messer entfernt werden. Lediglich ein etwa 1 cm langes Stielstück bleibt stehen, um sicherzugehen, daß das Auge nicht verletzt wird. Die Reiser sollten während der zügig durchzuführenden Arbeit immer feucht gehalten werden.

Abwerfen der Krone

Bevor wir mit der Arbeit beginnen, wählen wir diejenigen Äste aus, die nach der Veredlung die Hauptäste für den neuen Kronenaufbau bilden sollen. Ist der zu veredelnde Baum einem regelmäßigen Schnitt unterzogen worden, werden die Hauptäste gut sichtbar sein. Schwieriger wird es, diese bei nicht regelmäßig gepflegten Bäumen zu bestimmen. Grundsätzlich sollte die Krone neben dem Mitteltrieb mit drei bis vier etwa gleich starken und regelmäßig um die Mitte verteilten Leitästen gebildet werden.
Haben wir uns für das Grundgerüst entschieden, werden nunmehr alle übrigen

Eine abgeworfene Krone mit deutlich erkennbaren, veredelten Leitästen. Zugäste helfen bei der Ernährung des Baumes und werden später entfernt.

Äste herausgenommen. Ist dies geschehen, legen wir die Länge der verbleibenden Äste fest, an denen das Umpfropfen vorgenommen werden soll. Zu beachten ist dabei, daß die Mittelachse die Seitenäste immer überragen muß. Im Zweifelsfall sollte man die Äste lieber zu lang als zu kurz belassen, besonders bei der Süßkirsche, die auf einen zu starken Rückschnitt

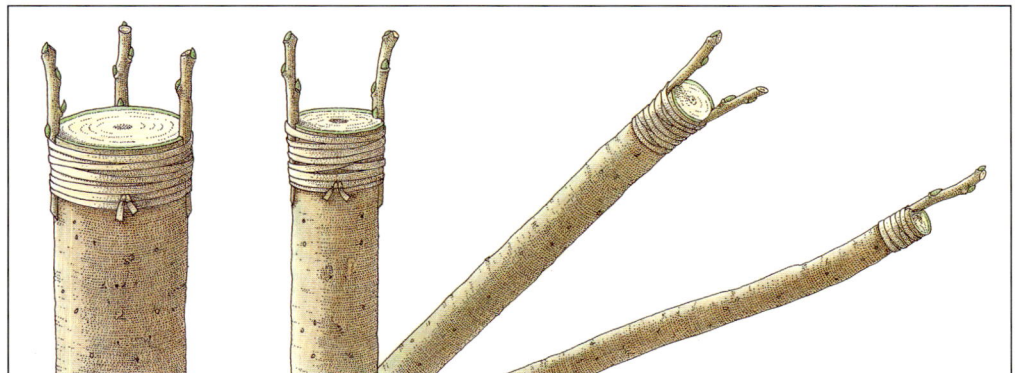

Die Stärke und die Lage des Pfropfkopfes bestimmen die Anzahl und die Stellung der Edelreiser. Auf einer stärkeren und senkrechten Unterlage können die Edelreiser beliebig angeordnet werden. Auf einer schrägen, stärkeren Unterlage werden zwei Reiser, auf einer schwächeren wird nur ein Reis an der Oberseite aufveredelt.

Veredlung mit Zugästen an einem älteren Baum.

kann im nachfolgenden Jahr je nach Lage eventuell eine Nachveredlung auf den Zugast erfolgen.

Oft müssen starke Äste abgesägt werden. Hierbei besteht immer die Gefahr des Absplitterns und dadurch der Rindenbeschädigung. Um dem vorzubeugen, bringen wir an der Unterseite der Sägestelle einen kleinen Einschnitt an und erreichen damit eine glatte Schnittfläche. Alle größeren Wundstellen müssen, um ein Austrocknen zu verhindern, mit Wundverschlußmittel bestrichen werden.

sehr empfindlich reagiert. Zu beachten ist dabei natürlich, daß, je länger die Leitäste bleiben, um so mehr Pfropfköpfe angebracht werden müssen. Bei der Auswahl der Pfropfstellen sind auch die Seitenverzweigungen der Leitäste einzubeziehen, denn es ist ja unser Ziel, baldmöglichst wieder eine harmonisch aufgebaute Krone zu bilden.

Wenn wir den Baum bereits im Winter für die vorgesehene Veredlung vorbereiten wollen, so legen wir die Abwurfstelle etwa 20–30 cm über der gewählten Pfropfstelle fest. Später kürzen wir bei der Pfropfung das Holz ein; so wird ein Austrocknen verhindert.

Um dem umzuveredelnden Baum das Wachstum zu gewährleisten, müssen einige sogenannte Zugäste stehenbleiben. Die Blätter an diesen Ästen treiben normal aus und sichern so die Ernährung und damit die Entwicklung des Baumes. Um keine Konkurrenz zu den Pfropfköpfen zu schaffen, sorgt man dafür, daß diese sogenannten Zugäste mindestens einen halben Meter von den Pfropfköpfen entfernt sind. In den folgenden zwei bis drei Jahren werden die Zugäste im Verhältnis zum Wachstum der aufgepfropften Äste entfernt. Sollte eine Pfropfstelle ausfallen, so

Zeitpunkt der Veredlung

Wenn die Bäume richtig im Saft stehen, etwa Ende April bis Anfang Mai, kann mit dem Umpfropfen bei allen Obstarten begonnen werden. Hat man die Edelreiser aus dem Winterquartier geholt, so werden sie zuerst auf ihren Gesundheitszustand hin untersucht. Sie sollten das gleiche Aussehen haben wie bei der Einlagerung, das heißt die Rinde sollte glatt und straff sein, sie sollten ein einwandfreies, grünes Gewebe aufweisen, und die Knospen sollten nur leicht verdickt sein. Selbstverständlich dürfen die Reiser keinerlei Beschädigungen aufweisen. Eine kleine Hilfestellung kann man den Reisern geben, indem man sie vor der Veredlung ein paar Stunden in kaltes Wasser legt oder sie mit feuchten Tüchern umwickelt. Zu achten ist darauf, daß das Edelreis bei Pfropfungen immer schwächer sein muß als die zur Veredlung vorgesehene Basis. Bei der Kopulation müssen Unterlage und Edelreis die gleiche Stärke aufweisen.

1. Das Edelreis muß genau in die vorgeschnittene Kerbe des Pfropfkopfes passen und Kambium auf Kambium liegen.

2. Mit Bast oder einem speziellen Kunststoffband wird die Veredlungsstelle fest umwickelt.

3. Beim Verstreichen ist darauf zu achten, daß alle Schnittflächen luftdicht mit Baumwachs verschlossen werden. Die Enden des Bindematerials sollten dabei möglichst unter dem Wachs liegen.

4. Der Wundverband sollte gelöst werden, wenn die Edelreiser mit der Unterlage verwachsen sind oder eine deutliche Einschnürung zu erkennen ist. Hier haben die Reiser deutlich ausgetrieben.

Wundbehandlung

Grundsätzlich kann jede Veredlung, egal ob Pfropfung, Kopulation oder Okulation, nur dann erfolgreich sein, d.h. das Reis mit der Unterlage verwachsen, wenn das Kambium beider Partner aufeinandergepreßt wird. Deshalb muß beim Binden auch darauf geachtet werden, daß kein Verrutschen möglich ist. Als Bindematerial verwendet man am besten nach wie vor Bast. Es werden heute auch Gummibänder angeboten, aber der Hobby- und Kleingärtner findet im Bast ein vielseitiges, auch für andere Zwecke verwendbares Material. Freilich sollte nicht die billigste Ausführung gekauft werden. Beim Binden drückt man vorzugsweise mit dem Daumen, den man auf den Beginn des Bindematerials legt, Unterlage und Reis fest aneinander und beginnt dann von oben nach unten die gesamte Länge der Veredlungsstelle zu verbinden. Anschließend werden alle Schnittstellen von Edelreis und Unterlage mit Baumwachs verstrichen. Auch das Ende des Bindematerials wird mit Baumwachs arretiert.

Mit Ausnahme der Okulation werden bei den anderen Veredlungsarten alle Wunden verstrichen. Dazu stehen kaltstreichbare und warmstreichbare Baumwachse zur Verfügung. Man wird heute dem erstgenannten den Vorzug geben, da es leichter zu verarbeiten und mit einem schmalen Spachtel gut zu verstreichen ist. Wird das kaltstreichbare Baumwachs bei kühler Witterung zu zähflüssig, stellt man den Behälter in warmes Wasser und erreicht so eine gute Streichfähigkeit und kann es problemlos verarbeiten.

Der Wundverband muß laufend kontrolliert werden. Er darf sich nicht lösen, da sonst das Edelreis ausbricht. Er darf aber den Baum auch nicht einschnüren, da sonst der Saftkreislauf beeinträchtigt wird. Wird der Verband sichtbar enger, so ist ein sofortiges Entfernen desselben unerläßlich.

Verbessertes Rindenpfropfen

Beim am häufigsten angewandten, heute üblichen verbesserten Rindenpfropfen wird am Reis ein einfacher Kopulationsschnitt ausgeführt. Der Schnitt muß in einem Zug mit einem scharfen Messer erfolgen, die schräge Schnittfläche, deren Länge etwa dem sechsfachen Durchmesser des Edelreises entsprechen sollte, muß unbedingt völlig glatt sein, ohne die Rinde auszufransen. Im rechten Winkel dazu erfolgt über die gesamte Schnittlänge ein flacher Zusatzschnitt. An der Außenseite, also der der Schnittfläche entgegengesetzten Seite des Reises, etwa in Höhe der Mitte der Schnittfläche, muß sich eine Knospe befinden. An dem frisch, sauber

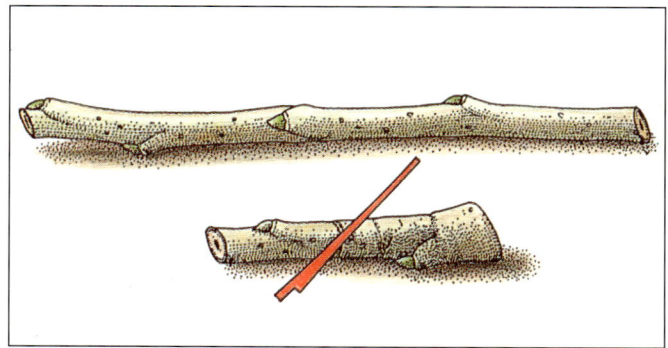

Schlecht entwickelte Knospen an der Triebbasis sind für Veredlungen nicht geeignet. Vier bis fünf gut entwickelte Knospen am Edelreis (einjähriger Trieb) sind für die Kronenveredlung die übliche Anzahl.

und eben abgesägten Pfropfkopf wird die Rinde etwas länger als der Kopulationsschnitt eingeschnitten und ein Rindenflügel gelöst. Hier wird das Reis vorsichtig eingeschoben, der exakte Sitz, das heißt das fugenlose Aufeinanderliegen von Pfropfkopf und Reis überprüft und mit Bast die Veredlungsstelle verbunden. Die Schnittfläche des Pfropfkopfes muß, ebenso wie alle anderen Wunden, mit Baumwachs bestrichen werden. Diese Methode des Pfropfens kann bei Kirschen auch noch im August angewandt werden. Man kürzt das Edelreis nach etwa vier bis sechs Augen schräg zum letzten ein. Aus dem Rindenpfropfen haben sich zahlreiche Varianten gebildet, die jedoch alle vom gleichen Prinzip ausgehen.

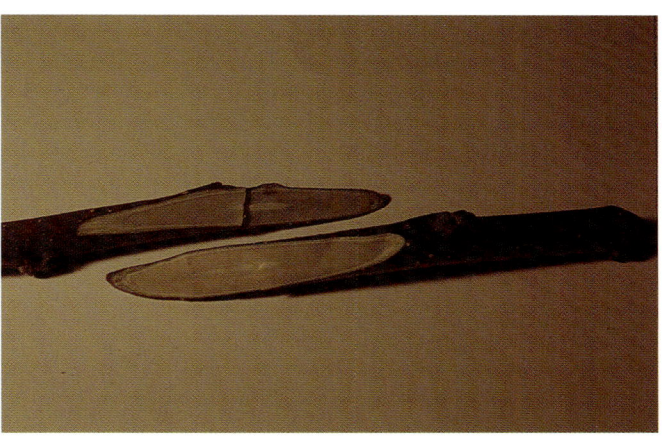

Kopulation: Zuerst werden die beiden gleichstarken Triebe gegengleich angeschnitten.

Dann zusammengefügt und mit Bast umwickelt.

Kopulation

Wenn Unterlage und Edelreis etwa die gleiche Stärke aufweisen, so empfiehlt sich das Kopulieren. Bei der Kopulation wird wie beim vorhergenannten Rindenpfropfen ein sogenannter Kopulationsschnitt ausgeführt, diesmal jedoch an beiden Partnern. Auch hier ist die Voraussetzung zum Erfolg eine völlig ebene Schnittfläche, bei der auch keinerlei Erhöhungen am Rand die Berührungsflächen verkleinern oder verschieben. Will man ganz sichergehen, daß sich die Partner nicht verschieben, so bringt man noch jeweils einen Schnitt an, also eine Kopulation mit Gegenzungen (siehe Abb. S. 70/71). Jetzt kann man Unterlage und Edelreis ineinander verankern und erreicht so eine innige Verbindung. Man bindet mit Bast oder Gummiband fest, aber nicht zu eng, und verstreicht mit Baumwachs. Der Erfolg der Maßnahme zeigt sich am Engerwerden bzw. Einwachsen des Bastes, der dann vorsichtig mit einem scharfen Messer gelöst werden muß. Beim Durchschneiden des Verbandes ist sorgsam zu arbeiten, auf keinen Fall dürfen Verletzungen an den Nahtstellen verursacht werden, da sonst unter Umständen die gesamte Arbeit um-

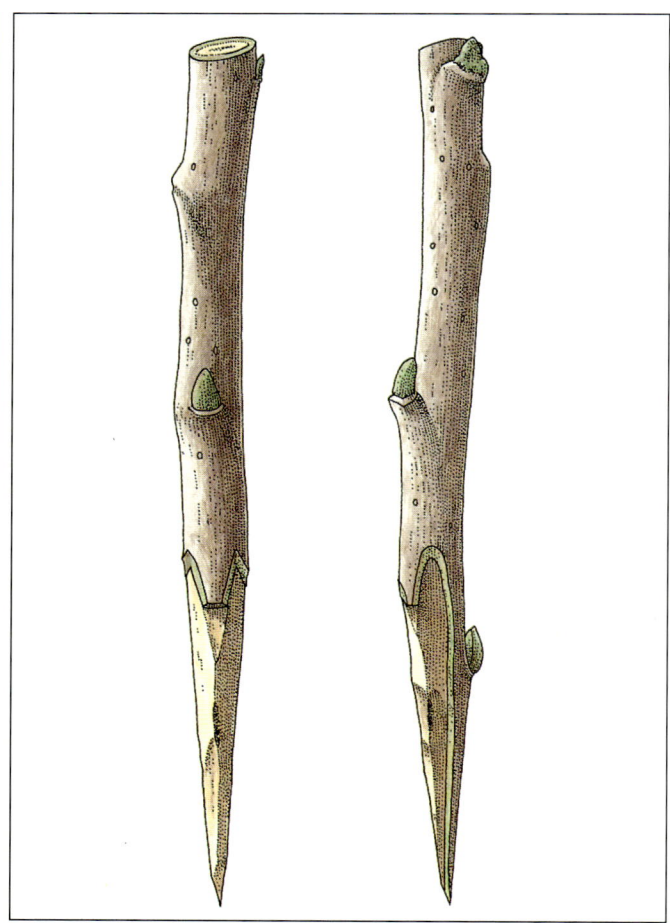

Ein Geißfuß-Edelreis wird gleichmäßig von zwei Seiten schräg angeschnitten und läuft am Ende spitz zu.

Schnittfläche zu achten ist; der Schnitt sollte in einem Zuge ausgeführt werden. Man sucht sich dafür am Pfropfkopf eine Stelle mit möglichst glatter Rinde, um ein seitliches Einreißen derselben zu vermeiden. Nun wird am Edelreis ein gegengleicher Keil zugeschnitten. Beim Einfügen des Edelreises ist zu beachten, daß sich das Kambium beider Partner an der gesamten Länge berührt. Die Anfänge der Schnittstellen des Edelreises müssen über dem Pfropfkopf noch sichtbar sein. Nun wird die Veredlungsstelle mit Bast verbunden, wobei man von oben nach unten arbeitet. Der Pfropfkopf sowie der Bast werden mit Baumwachs bestrichen. Dem Edelreis werden in Bodennähe drei, bei höherer Kronenveredlung vier bis sechs Augen belassen. Ein Vorteil dieser Methode ist die Möglichkeit, bereits vor dem Austrieb der Bäume im zeitigen Frühjahr, etwa ab Ende Februar, mit dem Veredeln beginnen zu können. Dies fördert vor allem bei Steinobst das Anwachsen. Diese Methode empfiehlt sich auch bei Kirschenveredlungen im August und September.

sonst war. Auch mit dieser Methode ist bei Süßkirschen ein Umveredeln noch im August möglich.

Geißfußpfropfen

Ist die zu veredelnde Pfropfunterlage wesentlich stärker als das Edelreis, so empfiehlt sich immer das sogenannte Geißfußpfropfen. Am Pfropfkopf wird mit einem scharfen Kopuliermesser oder einer Hippe ein Keil im Winkel von 45–80° herausgeschnitten, wobei auf eine glatte

Okulation

Die Okulation, das Augenveredeln, wird vor allem in den Baumschulen praktiziert. Den Namen hat diese Methode vom lateinischen oculus – das Auge erhalten,

Schnitt eines Okulationsauges aus einem Edelreis.

Basis des Triebes eingesetzt.

Der Vorgang des Okulierens beginnt mit einem T-Schnitt in der Unterlage. Von dem vorsichtig entblätterten Edelreis schneiden wir mit einem scharfen Messer das Auge, das noch von einem Rindenstückchen umgeben sein muß, in Wuchsrichtung des Triebes heraus. Zu beachten ist dabei, daß der Holzanteil in der Mitte des Schildchens nicht zu groß ist, die Länge des vorhandenen Kambiumanschnittes jedoch ausreicht; das Schildchen soll eine Länge von ca. 3 cm aufweisen, das Auge muß dabei in der Mitte liegen. Nunmehr wird das Schildchen vorsichtig in die Rindentasche geschoben und mit Bast oder einem Gummiband befestigt. Der Bast wird vier Wochen später mit einem Schnitt an der Rückseite der Okulation gelöst. Sehr praktisch sind die heute angebotenen Gummiverschlüsse, die nicht geöffnet werden müssen, da sie sich selbst nach drei bis vier Wochen lösen.

Im darauffolgenden Winter schneidet man den Trieb über dem eingesetzten und inzwischen angewachsenen Auge ab. Dabei läßt man einen Zapfen von 20 cm Länge stehen, an welchen der aus dem eingesetzten Auge im Frühjahr entstandene Trieb festgebunden wird. Austriebe oberhalb und unterhalb des eingesetzten Auges müssen immer wieder entfernt werden, damit der Trieb der aufveredelten Sorte konkurrenzlos wächst. Sind beide Veredlungspartner so fest miteinander verwachsen, daß kein weiteres Festbinden mehr nötig ist, wird der Zapfen entfernt und die Schnittstelle mit Baumwachs verstrichen.

wird doch dabei nur ein Auge eingesetzt, so daß ein Edelreis Material für mehrere Okulationen liefert. Es entfällt auch das vorzeitige Schneiden und die damit verbundene Aufbewahrung der Edelreiser. Der Zeitraum, in dem diese Arbeit durchgeführt werden kann, ist begrenzt. Die Rinde muß sich leicht lösen lassen, und gleichzeitig müssen sich in den Blattachseln der einjährigen Triebe kräftige Augen entwickelt haben. Pflaumen, Zwetschen, Kirschen, Birnen und Äpfel okuliert man ab Ende Juli bis Mitte August. Okuliert wird auf Unterlagen ca. 30 cm über dem Boden. Heute wird man in der Regel bereits veredelte Jungbäume aus der Baumschule beziehen. Lediglich für Aprikosen- oder Pfirsichbäume sowie Rosen ist für den Hobbygärtner das Okulieren interessant, da bei diesen Arten die anderen Veredlungen oft nur schlecht anwachsen. Als Zeitpunkt wählt man die Spanne zwischen Ende Juli und Anfang August. Bereits im Winter wird die Krone verjüngt, d.h. ältere Zweige und Äste entfernt. An den vorgesehenen Trieben, die fingerstark sein sollen, wird das Auge 10–15 cm entfernt von der

Verschiedene Möglichkeiten der Veredlung

Okulation

1. Schneiden des Auges aus einem einjährigen Trieb der Edelsorte
2. T-Schnitt und Lösen der Rinde
3. Edelauge in Unterlage eingesetzt
4. Veredlungsakt durch Verband (ohne Verstreichen!) beendet

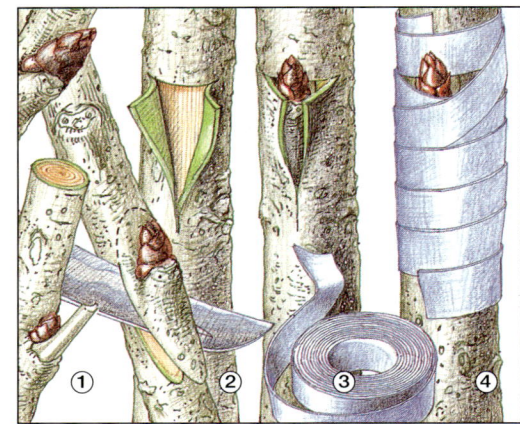

Chip-Veredlung

1. 3 mm tiefer Schnitt im Winkel von 20° zur Horizontalen
2. 3 cm über dem Schnitt wird der 2. Schnitt angesetzt und in Richtung des 1. Schnittes abwärts geführt
3. Der ausgeschnittene Span mit dem Edelauge muß in den U-förmigen Ausschnitt der Unterlage passen
4. Veredlungsverband wie bei der Okulation, bei Sommerveredlung im Juli/August kein Verstreichen notwendig

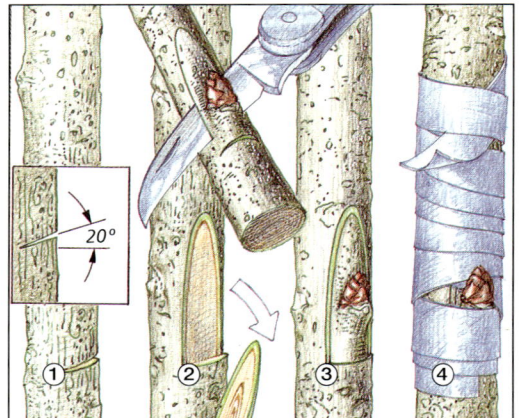

Kopulation

1. Kopulationsschnitt von ⓐ Unterlage und ⓑ Edelreis passend mit Verband
2. Präziser Schnitt – Kambien von Edelsorte und Unterlage müssen Kontakt haben
3. Kopulation mit Gegenzunge und Verband

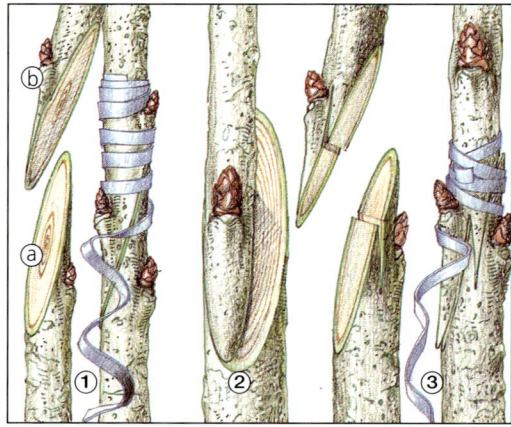

Wunden bei allen Veredlungsarten – außer Okulation – müssen vor Luft und Feuchtigkeit du

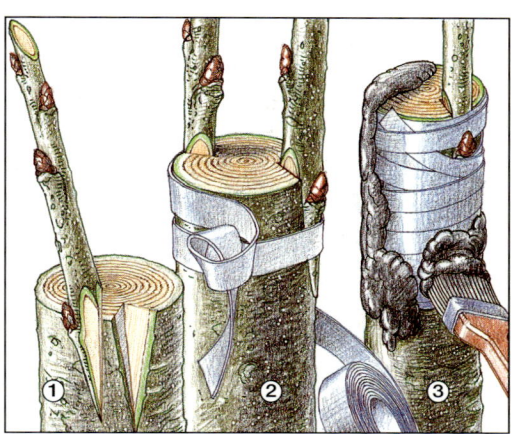

Geißfußpropfen

1. Schnitt des Edelreises in Keilform, gleicher Schnitt in die Unterlage
2. Einsetzen der Edelreiser in die Unterlage
3. Veredlungsverband und Wundverschluß mit Baumwachs

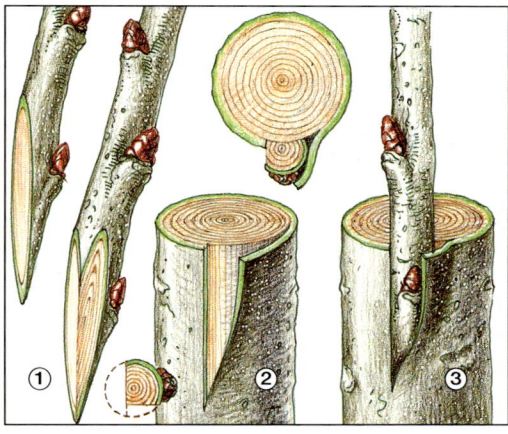

Verbessertes Rindenpfropfen

1. Zu der schrägen Schnittfläche erfolgt im rechten Winkel ein flacher Zusatzschnitt
2. Nur eine Seite am Pfropfkopf wird gelöst
3. Edelreis ist eingesetzt. Die schwach angeschnittene Seite liegt am nichtgelösten Teil des Pfropfkopfes an. Veredlung muß noch verbunden und verstrichen werden

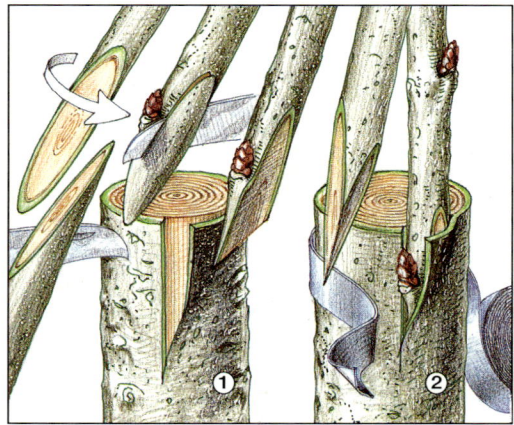

Wencksches Rindenpfropfen

1. Gegenüberliegende Seiten des Edelreises werden gleich stark geschnitten
2. Edelreis wird flach in die einseitig gelöste Unterlage eingefügt. Verbinden und Verstreichen nicht vergessen

streichen mit Baumwachs geschützt werden!

Nachbehandlung umveredelter Bäume

Etwa Mitte Juni werden die umveredelten Pfropfstellen kontrolliert. Man kann jetzt das Bindematerial durch einen vorsichtigen Längsschnitt lösen. Der sichtbar werdende Wundverschluß wird, falls nötig, nochmals mit Baumwachs oder Wundbalsam nachgestrichen. Konkurrenztriebe, die hinter der Veredlungsstelle ausgetrieben haben, werden entfernt. Man sorgt durch Rückschnitt dafür, daß die Veredlungen nicht beschattet werden, wobei man auf ein ausgewogenes Blattverhältnis achten sollte, d. h., daß nicht alle Zweige und Ästchen entfernt werden, denn der Baum benötigt für seine Ernährung und sein Wachstum genügend Blätter.

Eine einjährige Kronenveredlung ist sehr gut angewachsen.

Wichtig ist auch hier der Schnitt, um den Kronenaufbau zu beeinflussen.

Die Zugäste, die der Ernährung dienen, werden in den nächsten zwei bis drei Jahren nach der Veredlung beim Winterschnitt nach und nach entfernt und mit den aus den Veredlungen entstehenden Trieben und Zweigen langsam eine neue Krone aufgebaut. Man entfernt dabei immer die an oberster Stelle stehenden Zugäste.

Selbstverständlich muß der Neutrieb auch auf Schädlinge und Krankheiten kontrolliert werden. Bei Befall ist unbedingt eine entsprechende Bekämpfung durchzuführen, um einer Schwächung des Baumes vorzubeugen, der ja jetzt seine ganze Kraft in den Neuaufbau investieren soll. Bei trockenem und warmem Wetter fördern ausreichende Wassergaben ein zügiges und gesundes Wachstum.

Eine gelungene Pfropfung.

Pflanzen-Portraits

Kernobst

Apfel

Malus domestica
Familie: Rosengewächse

Wissenswertes

Für unser gemäßigtes Klima ist der Apfel bestens geeignet. Apfelbäume lieben einen sonnigen, luftigen, aber etwas windgeschützten Standort. Der Boden sollte gut mit Feuchtigkeit versorgt sein, ohne jedoch stauende Nässe aufzuweisen. Durch die Vielzahl der Sorten mit ihren unterschiedlichen Ansprüchen ist es möglich, für fast jeden Standort einen geeigneten Apfelbaum zu finden.

Unterlagen

Zur Gewinnung von Apfelsämlingsunterlagen werden von den Baumschulen hauptsächlich die Sorten 'Grahams Jubiläumsapfel' und 'Bittenfelder Sämling' verwendet, da deren Nachkommen in ihren Eigenschaften wenig von der Muttersorte abweichen und so relativ einheitliche Sämlingsunterlagen liefern. Sämlingsunterlagen finden heute wegen ihres starken Wachstums fast ausschließlich Verwendung in der Anzucht von großkronigen Hochstämmen für den landschaftsprägenden Streuobstbau oder für einen Baum in einem größeren Garten.
Um die Jahrhundertwende wurden in England die damals bekannten Unterlagen geordnet und auf ihre Eigenschaften geprüft. Auch andere Obstbauinstitute befaßten

Die unterschiedlichen Wuchsstärken bei Apfel-Unterlagen (von links nach rechts): schwachwüchsig M27, M9, M26; mittelstarkwachsend M7, MM106, M2, M4; starkwachsend M11, A2, Sämling. Achten Sie beim Kauf auf die Bezeichnung der Unterlage und lassen Sie sich beraten.

*Dieser Baum ist an der Veredlungsstelle ab-
gebrochen.*

sich mit der Züchtung und Auslese wert-
voller Unterlagen, so daß man die vegetativ
vermehrten Unterlagen heute in schwachwachsende, mittelstarkwachsende und
starkwachsende Unterlagen unterteilen
kann.

Schwachwachsende Un-
terlagen

Alle schwachwachsenden
Unterlagen sind nicht standfest, d.h. sie benötigen zeitlebens einen Pfahl als Unterstützungsgerüst. Außerdem
stellen sie hohe Ansprüche
an den Boden und benöti-
gen eine gute Wasserversor-
gung. Das Nährstoffaneig-
nungsvermögen der Wur-
zeln und ihre Wasserauf-
nahmefähigkeit sind so
schwach, daß sie nicht mit
Gräsern und Kräutern kon-
kurrieren können und des-
halb immer auf eine be-
wuchsfreie Baumscheibe
angewiesen sind. Zu der
Gruppe der schwachwach-
senden Unterlagen zählen
u.a. die Unterlagen 'M27',
'M9' und 'M26'.
'M27': ist eine sehr
schwachwachsende, in Eng-

land gezüchtete Apfelunterlage. Unter
ihrem Einfluß entwickeln sich nicht nur kleinere Bäume, sondern auch die Früchte der
aufveredelten Sorten bleiben kleiner als auf
anderen Unterlagen. Diese Unterlage findet demzufolge dann Verwendung, wenn
man von großfrüchtigen Sorten wie 'Gravensteiner', 'Jonagold' oder 'Boskoop' bewußt kleinere Früchte ernten will. Bei klein-
früchtigen Sorten kann die Fruchtgröße
durch entsprechende Handausdünnung
gefördert werden.
'M9': Schwacher Wuchs und früh einsetzender Ertrag haben diese Unterlagen zur
am häufigsten verwendeten Unterlage
werden lassen. Trotz ihrer Frostempfindlichkeit und ihrer Wertschätzung bei Hasen
und Wühlmäusen findet sie wegen der positiven Beeinflussung der Fruchtqualität
hinsichtlich Größe, Farbe und Inhaltsstoffe

*Obstbäume sollten immer einen Pfahl für eine optimale
Standfestigkeit erhalten.*

im Intensivobstbau fast ausschließlich Verwendung.

'M26': Die stärkste Unterlage in der Gruppe der schwachwachsenden ist die Unterlage 'M26' mit etwas geringeren Bodenansprüchen. Obwohl sie etwas standfester ist, benötigt sie wie alle schwachwachsenden Unterlagen zeitlebens ein Unterstützungsgerüst.

Mittelstarkwachsende Unterlagen

Mittelstarkwachsende Unterlagen wie 'M7', 'MM106', 'M2' und 'M4' werden durch den Graswuchs nicht so sehr beeinträchtigt. Wer die Pflege nicht so intensiv gestalten will, d.h. die Baumscheiben nicht ständig bewuchsfrei halten will und trotzdem keine sehr großen Bäume pflanzen kann, wird sich für Bäume auf Unterlagen dieser Gruppe entscheiden, wobei in den Baumschulen aufgrund der günstigen Auswirkung auf die Fruchtqualität und der Unempfindlichkeit gegen Kragenfäule am häufigsten die Unterlage 'M7' angeboten wird. Früher und hoher Fruchtertrag läßt auch bei diesen Unterlagen eine Pfahlunterstützung ratsam erscheinen.

Starkwachsende Unterlagen

Wer viel Platz zur Verfügung hat und standfeste Bäume mit Hohl- und Pyramidenkrone als Nieder-, Halb- oder Hochstämme haben will, wird Apfelbäume mit starkwachsenden Unterlagen kaufen. Zu den starkwachsenden Unterlagen zählen 'M11', 'A2' und Sämlingsunterlagen. Starkwachsende Unterlagen zeichnen sich durch gute Standfestigkeit, geringere Bodenansprüche, Frosthärte und starkes Wachstum aus. Sie tragen allerdings erst später und neigen etwas mehr zu periodischem Tragen (Alternanz). Besonders stark ausgeprägt sind die positiven Eigenschaften wie Standfestigkeit und Frosthärte bei den Sämlingsunterlagen, aber leider auch die negativen Eigenschaften wie spät einsetzender Ertrag und Alternanzneigung.

Sorten

Ein weiterer Punkt, den es bei der Wahl des richtigen Schnittzeitpunktes zu beachten gilt, ist die unterschiedliche Wuchsstärke von Bäumen verschiedener Sorten. So sind triploide Apfelsorten, also mit einem dreifachen Chromosomensatz ausgestattete Sorten, immer starkwüchsig, das Holz ist frostanfällig und die Alternanz stark ausgeprägt. Diploide Sorten (zweifacher Chromosomensatz) wachsen schwächer und bringen eher einen regelmäßigen Ertrag.

Triploide Sorten

Zu den starkwachsenden triploiden Sorten gehören u.a. der altbekannte 'Gravensteiner', der einen geschützten Platz bevorzugt, da die Blüte spätfrostgefährdet ist; die verhältnismäßig frostharte, sehr gesunde und kaum schorfempfindliche alte Sorte 'Jakob Fischer'; der nur für warmes Klima und nahrhafte Böden geeignete 'Jonagold', eine auch im Erwerbsobstbau heute stark verbreitete Neuzüchtung; 'Kaiser Wilhelm', eine alte robuste Spätsorte, die aber auch nur in mildem Klima gut gedeiht, und nicht zuletzt der vielseitig verwendbare, schon unseren Großmüttern bekannte 'Boskoop', der aber auch frostgefährdet ist und gute Lagen für sich beansprucht.

Diploide Sorten

Die Mehrheit der Apfelsorten gehört in die diploide und damit schwächer wachsende Gruppe. Hierzu zählen u.a. die Neuzüchtung 'Alkmene', die sich durch die willige Bildung vieler Kurztriebe auszeichnet; die alte Liebhabersorte 'Ananasrenette', die für sich allerdings warme Lagen und eine intensive Pflege beansprucht; der neu aus der Schweiz stammende 'Arlet' mit hohen Erträgen; die alte, nicht für rauhe Lagen geeignete Elsässer Tafelsorte 'Baumanns Renette'; der bis in Höhen von 1000 m NN gedeihende, robuste und sehr frostharte, aber schorfanfällige 'Berner Rosenapfel'; die auf warmen und

Die alte Apfelsorte 'Ananas Renette' trägt reich und regelmäßig.

Die Sorte 'Gloster' ist eine späte Apfelsorte.

kräftigen Böden gut gedeihende 'Champagner Renette'; der bekannte und beliebte, aber sehr intensive Pflege fordernde und an den Standort hohe Ansprüche stellende 'Cox Orange'; der frostharte, altbewährte und in bezug auf Standort und Pflege anspruchslose 'Danziger Kantapfel'; der neugezüchtete, interessante, besonders für kleine Baumformen geeignete Frühapfel 'Delbarestivale'; die reichtragende, aus Holland stammende Neuheit 'Elstar' mit einem relativ späten Triebabschluß; die regelmäßig und reich tragende, alte süddeutsche Sorte 'Gewürzluiken', die nicht für zu kühle Standorte geeignet ist; 'Golden Delicious' überall bekannt mit einem sehr früh einsetzenden, regelmäßigen und reichen Ertrag, ist widerstandsfähig gegen Frost und Stippigkeit, aber schorfanfällig und in ungünstigen Lagen stark berostet; die nur für warme Standorte zu empfehlende neue Sorte 'Idared', die zwar früh, regelmäßig und reich Erträge bringt, aber mehltauanfällig ist; der weitverbreitete, beliebte, frostwiderstandsfähige Frühapfel 'James Grieve' mit seinen reichen und regelmäßigen Ernten und nur geringer Schorfanfälligkeit; der frostharte und auch für rauhe Lagen altbewährte und weitverbreitete 'Klarapfel'; der beliebte und schon seit langer Zeit in Hausgärten zu findende 'Ontarioapfel', der zwar frostwiderstandsfähig in der Blüte, aber holzfrostempfindlich ist; der bezüglich Standort und Pflege sehr anspruchsvolle, altberühmte franzö-

sische 'Weiße Winterkalvill'; die gegen Krankheiten sehr widerstandsfähige, besonders auch für kleine Baumformen geeignete 'Zuccalmaglios Renette'.

In diesem Rahmen sehr interessant sind die schorfresistenten Neuzüchtungen aus den USA. Anfang bis Mitte September reift 'Prima', Mitte bis Ende September 'Priam' und Anfang bis Mitte Oktober 'Sir Prize'. Alle drei Sorten sind diploid und nicht sehr stark wachsend.

Obwohl etwas stärker wachsend, gehören die alte Schweizer Sorte 'Glockenapfel', für die zum guten Gedeihen ein warmer Standort und nahrhafter Boden notwendig ist; 'Gloster', eine neue Spätsorte aus dem Alten Land, sowie der seit Jahrzehnten sehr beliebte 'Berlepsch', der aber auch auf warme, geschützte Standorte angewiesen ist, zu den diploiden Sorten.

Die Auswahl aller vorgenannten Sorten aus einer Vielzahl von alten und neuen Züchtungen wurde unter dem Gesichtspunkt der Eignung für den Hausgarten getroffen. Zugrundegelegt wurden als Kriterien Wuchs- und Ertragsverhalten, Krankheitsanfälligkeit und Verwertbarkeit der Früchte. Selbstverständlich stehen noch andere Sorten zur Auswahl, oft auch in einer Gegend bewährte Lokalsorten, die durchaus für den einen oder anderen Gartenbesitzer eine Bereicherung darstellen können.

Schnitt

Apfelbäume werden sowohl im Sommer als auch im Winter geschnitten. Zu welchem Zeitpunkt man diese Arbeit vornimmt, hängt von verschiedenen Faktoren ab. Um eine Entscheidung über den richtigen Schnittzeitpunkt treffen zu können, muß man wissen, daß die Bäume auf den Sommerschnitt im nachfolgenden Jahr mit einem verringerten Wachstum reagieren, während der Winterschnitt, besonders, wenn er in starkem Maße erfolgt, einen starken Trieb zur Folge hat, der allerdings meist auf Kosten der Bildung von Blütenknospen geht.

Aus diesen Reaktionen auf den Schnittzeitpunkt können wir also durchaus unseren Nutzen ziehen. So wird man einen Sommerschnitt dann ausführen, wenn der Baum reichlich trägt und starkes Wachstum zeigt. Wenn man beim Schneiden Früchte entfernt, bringt der Schnitt durch den Ausdünnungseffekt Vorteile für die am Baum verbleibenden Früchte; diese werden größer und besser gefärbt, da mehr Sonne und Licht in das Bauminnere fallen. Im Winter wird man dann, falls dies überhaupt noch notwendig ist, nur leichte Korrekturen vornehmen. Somit kann der Baum in Ruhe, ohne seine Kräfte in eine starke Triebbildung zu investieren, neue Blütenknospen ausbilden und je nach Sorte, statt zu alternieren, wenigstens einen kleinen Ertrag bringen.

Hat ein Baum wenig getragen und man stellt im Winter einen großen Blütenknospenansatz fest, so kann mit ruhigem Gewissen ein Winterschnitt durchgeführt werden, auch wenn ihm ein Teil der Blütenknospen zum Opfer fällt. Die verbleibenden Blüten bremsen etwas das Triebwachstum, und der Baum bleibt im physiologischen Gleichgewicht.

Läßt ein Baum in seinem Triebwachstum nach, wird man folgerichtig ebenfalls dem Winterschnitt den Vorzug geben. Er wird wieder williger Neutriebe bilden. Umge- kehrt wird man bei zu triebigen Bäumen nur im Sommer schneiden, um den Baum zu beruhigen.

Spindelkrone

Die Baumschulen bieten für die Spindelbaumerziehung unterschiedliches Pflanzmaterial an, wie z.B. ein- oder zweijährige Veredlungen. Die Veredlungsstelle sollte sich unbedingt mindestens 15–20 cm über dem Boden befinden. Obwohl man die Spindel mit jeder Unterlage erziehen kann, ist einer schwachwachsenden der Vorzug zu geben, da sich diese mit weniger Schnittarbeiten leichter der gewünschten Größe anpaßt.

Erzieht man eine Spindel, so beginnt man in 50 cm Stammhöhe mit dem Aufbau der Fruchtäste, alle darunterliegenden Seitenverzweigungen werden an der Basis entfernt. Da die Spindel keine Leitäste hat, entfällt der Erziehungsschnitt. Wichtig ist ein konsequenter Aufbau von Fruchtholz. Alle zu steil stehenden Triebe werden in die Waagerechte gebunden, um die Bildung von Blütenknospen zu fördern und das Triebwachstum einzuschränken. Überzählige Triebe werden beim Sommerschnitt entfernt, wobei man immer auf eine an der Triebunterseite stehende Knospe zurückschneidet, damit der Zuwachs möglichst waagerecht und nicht zu steil wächst.

Ist die gewünschte Baumgröße erreicht, so

Die Veredlungsstelle sollte immer 15–20 cm über dem Boden liegen.

beschränkt sich der Schnitt auf das Entfernen abgetragener Triebe und das Auslichten. Äpfel entwickeln sich am zwei- und dreijährigen Holz am besten. Man wird daher für eine ständige Fruchtholzerneuerung sorgen, die auch einer Verkahlung des Kroneninneren vorbeugt. Dabei dürfen aber keine Leitäste aufgebaut werden. Ebenso ist darauf zu achten, daß sich die Baumkrone nicht von oben her überbaut, d.h. die Kegelform mit ihrer schlanken Spitze verliert.

Die beiden Konkurrenztriebe des Jungbaumes müssen entfernt werden.

Nach dem Schnitt ist der Aufbau der Krone mit den Seitentrieben optimal.

Pyramidenkrone

Eine Pyramidenkrone kann man beim Apfel bei allen Baumformen erziehen; man wird sie aber vorzugsweise beim Nieder-, Halb- oder Hochstamm auf stärker- oder starkwachsenden Unterlagen erziehen. Um eine ausgewogene, naturnahe und schöne Krone zu bekommen, ist der richtige Schnitt von der Pflanzung an sehr wichtig. Bei der Pflanzung wird der Mitteltrieb und die drei bis vier für Leittriebe vorgesehenen Seitentriebe um die Hälfte bis zu einem Drittel ein-

Rückschnitt im 2. Standjahr: Zuerst werden alle Konkurrenztriebe der Leitäste und nach innen wachsende Triebe entfernt, im zweiten Schritt werden die Leitäste eingekürzt. Man orientiert sich dabei an dem schwächsten Ast.

gekürzt, wobei der Mitteltrieb die Leitäste um etwa 15 cm überragen sollte. In den Folgejahren baut man an den Leitästen in etwa 50 cm Abstand Fruchtäste auf. Wichtig ist das Entfernen von überflüssigen Konkurrenztrieben. Die Schnittstärke wird man dem Wachstum des Baumes anpassen, denn je stärker der Schnitt, desto stärker der Austrieb; je schwächer der Schnitt, desto schwächer der Austrieb. Steil aufrecht wachsende Triebe, die nicht benötigt werden, werden entfernt. An jungen Bäumen kann man durch Binden oder Sperren den einen oder anderen benötigten Trieb in die gewünschte Richtung bringen. Der Kronenaufbau dauert mehrere Jahre. Danach erfolgt ein regelmäßiger Überwachungsschnitt, bei dem nach unten hängendes, sowie älter als dreijähriges Fruchtholz auf einen entsprechenden Trieb aufgeleitet oder entfernt wird. Zu dicht stehende und die Krone überbauende Triebe werden zurückgenommen. Alle in das Kroneninnere wachsende Triebe werden entfernt. An den Fruchtruten steil stehende Reiter schneidet man entweder auf ein bis zwei Knospen oder bis zur Basis zurück. Grundsätzlich ist darauf zu achten, daß der Baum immer im Gleichgewicht bleibt und die Krone nicht verkahlt, sondern sich locker aufbaut.

Zwei- oder Dreiastkrone (Hecke)

Heute nur mehr wenig gebräuchlich ist die Erziehung von Apfelbäumen in Form einer Hecke an einem Drahtgerüst. Man erzieht dazu die Bäume mit einer Längskrone als Zweiast- oder Dreiastkrone. Bei der Zweiastkrone wird die Krone mit zwei Leitästen ohne Mitte erzogen. Die Dreiastkrone weist ebenfalls die beiden Leitäste auf, hat aber noch einen Mittelstamm. Man pflanzt zweijährige Veredlungen auf mittelstark- bis starkwachsenden Unterlagen in einem Abstand von 3,00 bis 5,00 m. Bei der Pflanzung achtet man darauf, daß zwei möglichst gleich starke seitliche Verzweigungen an beiden sich gegenüberliegenden Seiten des Mitteltriebes für die für den Aufbau benötigten Leitäste parallel zum Gerüst stehen. Nach der Pflanzung schneidet man diese um die Hälfte auf ein außenstehendes Auge zurück. Bei der Zweiastkrone wird der Mitteltrieb herausgenommen, bei der Dreiastkrone schneidet man ihn an, wobei man darauf achten muß, daß er die ersten Jahre immer etwas kürzer als die Leitäste sein muß. In den Folgejahren werden die Leitäste nur mehr geringfügig immer auf eine an der Unterseite des Astes befindliche Knospe zurückgenommen. Die sich daran entwickelnden Fruchtruten werden waagerecht gebunden, nicht benötigte und zu steil wachsende Triebe entfernt. Die Breite des Baumes korrigiert man nach Belieben durch Rückschnitt stark nach vorne bzw. hinten wachsender Ruten.

Das notwendige Drahtgerüst wird am besten schon vor der Pflanzung erstellt. Wichtig ist eine gute Verankerung der Eckpfähle. Die Höhe des ersten Spanndrahtes richtet sich nach der Stammhöhe der zu pflanzenden Bäume und sollte etwa 10 bis höchstens 20 cm über dem Ansatz der Leitäste liegen. Man bringt in Abständen von jeweils 50 cm noch zwei weitere Drähte an, so daß das Gerüst eine Höhe von ca. 2,00–2,20 m erreicht.

Birne

Pyrus communis
Familie: Rosengewächse

Wissenswertes

Die Birne stellt gegenüber dem Apfel wesentlich höhere Ansprüche an Standort, Klima und Boden. Das Holz ist frostempfindlicher, und durch die frühe Blütezeit besteht eine Spätfrostgefährdung. Schwere und kalkreiche Böden und solche mit stauender Nässe sind als Standorte ungeeignet. Für ein gutes Gedeihen braucht die Birne war-

Landschaftsprägender, älterer Birnenhochstamm

me Standorte und humose, nährstoffreiche, tiefgründige Böden. Obwohl die Birne keinen sehr hohen Wasserbedarf hat, muß doch für regelmäßigen Wassernachschub gesorgt werden, da sie bei langanhaltender Trockenheit Steinzellen um das Kernhaus ausbildet. Als Faustregel gilt bei Birnen: Frühsorten sind anspruchsloser als Spätsorten, und edle Tafelbirnen stellen höhere Ansprüche an Boden und Standort als Mostbirnen. Man kann also durch die richtige Auswahl der Sorten auch bei nicht ganz optimalen Standortbedingungen Birnen pflanzen.

Unterlagen

Bei Birnen finden als arteigene Unterlagen nur Sämlingsunterlagen aus 'Kirchensaller Mostbirne' Verwendung. Wie die Apfelsämlinge verleihen sie der Sorten-Unterlagen-Kombination auch sehr gute Standfestigkeit, lange Lebensdauer, starken Wuchs und eine bessere Frosthärte. Fruchtfleisch und Geschmack der Früchte sind auf den schwächerwachsenden Quittenunterlagen allerdings besser.
Als vegetativ vermehrte Unterlagen finden Quittenunterlagen Verwendung. Am verbreitetsten ist die Unterlage 'Quitte A',

die deutlich schwächer wächst als die Sämlingsunterlagen. Noch schwächer wächst 'Quitte C', deren Frostanfälligkeit allerdings auch viel höher ist als bei 'Quitte A'. Mangelnder Standfestigkeit wird auch hier mit einem Unterstützungsgerüst Rechnung getragen, so daß die Vorteile wie kleine Baumformen und günstige Beeinflussung der Fruchtqualität die Nachteile wie kürzere Lebensdauer, mögliche Chloroseerscheinungen und mangelnde Standfestigkeit überwiegen. Nur bei Hochstämmen für den Streuobstbau finden Sämlingsunterlagen noch Verwendung. Daß manche Sorten nicht auf Quittenunterlagen wachsen, wird dadurch umgangen, daß man verträgliche Sorten wie z.B. 'Gellerts Butterbirne' als Zwischenveredlung verwendet, d.h. auf die Quittenunterlage wird zuerst 'Gellerts Butterbirne' veredelt und dann darauf z.B. 'Williams Christ'.

Sorten

Wie beim Apfel findet man auch bei der Birne stark- und schwachwachsende Sorten. Auch wenn man mit einer Quittenunterla-

'Alexander Lucas' ist eine starkwachsende Birnensorte.

'Williams Christ' ist wohl die bekannteste Birnensorte.

sprechen im großen und ganzen denen von Apfelbäumen (siehe S. 78). Tafelbirnen kann man ebenso bei geringem Platzangebot im Garten als Spindelbaum erziehen.

Beim Schnitt ist zu beachten, daß Birnen besonders am zweijährigen kurzen Holz tragen und auch an steil nach oben wachsenden Trieben Blütenknospen ansetzen. Durch die Entwicklung langer, steil wachsender Triebe neigen Birnen zur Kronenüberbauung. Hier hilft nur ein konsequenter Erziehungsschnitt, wobei man von Zeit zu Zeit eventuell sogar stärkere Äste herausnehmen muß. Beim Sommerschnitt sorgt man für eine gute Belichtung im Kroneninneren.

ge einen schwächerwachsenden Baum erhält, so bleiben doch die sortentypischen Wuchseigenschaften auch hier erhalten.
Zu den starkwachsenden Birnensorten zählen u.a. 'Alexander Lukas', eine bekannte Wintertafelsorte; 'Clapps Liebling', eine auch für etwas kühlere Standorte geeignete Frühbirne; 'Gellerts Butterbirne', eine weniger holzfrostempfindliche Sorte.
Schwachwachsend sind die Sorten 'Bosc's Flaschenbirne', eine hohe Erträge liefernde, wertvolle Tafelbirne; 'Conference', eine Tafelbirne, die regelmäßig und willig trägt; die Herbstsorte 'Köstliche von Charneu'; die anspruchsvolle 'Vereinsdechantsbirne', eine sehr gute Birne nur für warme Standorte und gute Böden; 'Williams Christbirne', vielseitig verwendbar und allbekannt u.a.m.

Schnitt

Der Kronenaufbau, die Baumerziehung und die Schnittmaßnahmen bei Birnen ent-

Spindel

Bei Birnen finden üblicherweise zweijährige Veredlungen zur Pflanzung Verwendung, wobei man als Unterlage 'Quitte' wählt, wenn man eine Spindel erziehen will. Nach der Pflanzung wird die Mitte etwa 50 cm über den geplanten Fruchtästen angeschnitten. Diese Fruchtäste werden um ein Drittel bis, bei entsprechend bereits vorhandener Länge, um die Hälfte eingekürzt und werden, falls nötig, waagerecht gebunden. Beim ersten Winterschnitt wird dann der Mitteltrieb ebenfalls je nach erreichter Länge um die Hälfte bis zu einem Drittel eingekürzt. Sind die Fruchtäste gut mit Knospen garniert, werden sie nicht angeschnitten. Ist es notwendig, die Triebe zu einer vermehrten Knospenbildung anzuregen, kürzt man sie leicht ein. Die weitere Erziehung der Birnbaumspindel gleicht der Apfelspindel (siehe S. 78). Besonders wichtig ist bei der Birne eine gute Belichtung und Sonneneinstrahlung in das Kroneninnere. Der Baum sollte deshalb immer locker aufgebaut sein; zu steil stehende Äste werden bis in die Waagerechte heruntergebunden. Überflüssige einjährige Triebe werden auf einen Stummel zurückgeschnitten.

Pyramidenkrone

Die Erziehung einer Pyramidenkrone bei der Birne entspricht der des Apfelbaumes (siehe S. 79). Auch hier kann die Pyramidenkrone als Rundkrone im Prinzip an allen Baumformen erzogen werden, wobei man allerdings bei der Birne diese Form in erster Linie bei der starkwachsenden Sämlingsunterlage wählen wird. Besonders zu beachten ist bei der Birne, daß die Leitäste nicht zu steil stehen. Man kann sie durch Sperren mit einem Holzkeil in den richtigen Winkel bringen.

Zwei- oder Dreiastkronen (Hecke)

Für die wärmebedürftigen Birnen hat sich die Erziehung als Hecke mit einer Dreiastkrone bei größeren Bäumen bewährt, weil durch die schmale Längsform die Sonneneinstrahlung und damit die Wärme den Früchten in hohem Maße zugute kommt. Man erstellt auch hier das Drahtgerüst wie beim Apfel schon vor der Pflanzung, jedoch vorteilhaft mit vier Spanndrähten. Man pflanzt zweijährige Veredlungen auf Quitte, vorzugsweise mit einer Stammhöhe von 60–70 cm und erzieht den Baum mit einem Mitteltrieb und seitlichen Leittrieben, die in einem Winkel von etwa 60° an das Drahtgerüst geheftet werden. Nach der Pflanzung werden zwei als Leitäste vorgesehene und sich am Mitteltrieb gegenüberliegende Triebe bis auf 50 cm zurückgeschnitten, der Mitteltrieb bleibt länger, wird aber auch um etwa die Hälfte bis zwei Drittel zurückgenommen. Die übrigen Äste werden bis zur Basis entfernt. Beim ersten Winterschnitt nimmt man die Leitäste nochmals um die Hälfte zurück und kürzt auch die Mitte etwas ein, damit sich in einer Stammhöhe von etwa 1,00 bis 1,20 m zwei weitere Fruchtäste bilden können, die in den Folgejahren parallel zu den unteren Leitästen erzogen werden. Bilden sich an den Leitästen starke Triebe, so werden diese entweder ganz entfernt oder, falls die Garnierung unzureichend ist, auf ein oder zwei

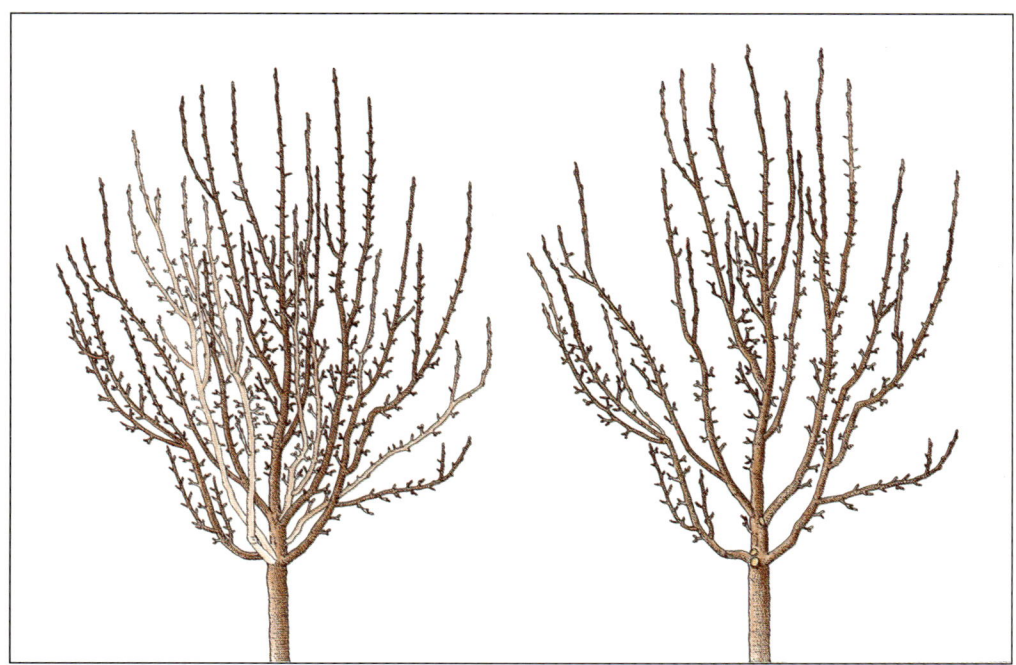

Auslichtungsschnitt bei der Birne. Um genügend Licht und Luft ins Innere des Baumes gelangen zu lassen, müssen zu dichte Kronen ausgelichtet werden.

Die Quitte eignet sich hervorragend für den Hausgarten.

Knospen zurückgeschnitten. Schwache Triebe läßt man stehen. Beim zweiten Winterschnitt im dritten Standjahr der Bäume werden im Schema des Vorjahres die beiden obersten Fruchtäste in einer Höhe von 1,5 bis 1,7 m erzogen. Man hält die Bäume schmal und sorgt für eine laufende und ausreichende Fruchtholzerneuerung.

Quitte
Cydonia oblonga
Familie: Rosengewächse

Wissenswertes

Quitten benötigen einen warmen, geschützten Standort. Der Boden sollte nicht zu schwer, aber nährstoffhaltig sein. Die Apfelquitten sind gegenüber den Birnenquitten etwas robuster und weniger winterfrostgefährdet.

Unterlagen

Die häufigste Quittenunterlage ist die schwachwüchsige 'Quitte A' (siehe S. 81).

Der Jungbaum benötigt einen Pfahl, später ist der Baum aber standfest.

Sorten

Die Apfelquitte 'Konstantinopeler' ist selbstfruchtbar, diese holzfrostunempfindlichste Quittensorte wächst mittelstark breitaufrecht und trägt früh und reich. Die Birnenquitte 'Champion' mit aufrechtem und mittelstarkem Wuchs mit guten Verzweigungen ist relativ frostunempfindlich, liebt aber warmen Boden, ist selbstfruchtbar, die Früchte sind stark duftend und bringen frühe, sehr reiche Erträge.

Schnitt

Durch die späte Blüte ist Spätfrost ohne Belang. Als Pflanzmaterial verwendet man zweijährige Veredlungen und erzieht auf einer Stammhöhe von 50–60 cm einen Buschbaum entweder mit einer Hohlkrone oder einer breiten Pyramidenkrone mit jeweils drei bis vier Leitästen. Dazu wird nach der Pflanzung der sogenannte Pflanzschnitt ausgeführt, bei dem wie beim Apfel

Reifende Früchte der Quitte sind eine Zierde und verbreiten einen angenehmen Duft.

die Stammverlängerung so angeschnitten wird, daß sie die Leitäste etwa 10 cm überragt. Als Leitäste werden drei bis vier gut um die Mitte verteilte, in unterschiedlicher Höhe stehende Seitentriebe (keine Quirlbildung!) ausgewählt, die in einem Winkel von 45–90° zum Stamm stehen. Diese werden etwa um ein Drittel eingekürzt, möglichst auf ein sich an der Triebunterseite befindliches Auge. Drei bis vier Jahre erfolgt dann ein Aufbauschnitt mit Rückschnitt der Leitäste sowie der Mittelachse entsprechend dem Schnitt beim Apfel (siehe S. 79). Entfernt werden auch alle in das Kroneninnere wachsende sowie senkrecht nach oben gerichtete Triebe, um einen lockeren Kronenaufbau zu gewährleisten. Wenn die gewünschte Krone gebildet ist, reicht als Instandhaltung ein gelegentliches Auslichten und etwa alle fünf Jahre ein Verjüngungsschnitt, bei dem durch einen Rückschnitt ins mehrjährige Holz der Baum zu neuem und etwas verstärktem Austrieb angeregt wird. Selbstverständlich werden dürre oder angebrochene Äste regelmäßig entfernt. Die Quitte verträgt einen starken Rückschnitt gut, da sie nur in den ersten Jahren ein stärkeres Wachstum aufweist und mit beginnendem Ertrag sehr schnell selbst zur Ruhe kommt.

Steinobst

Sauerkirsche
Prunus cerasus
Familie: Rosengewächse

Wissenswertes

Die Sauerkirsche braucht für ein optimales Wachstum und zur Ausbildung sortentypischer, wohlschmeckender Früchte einen möglichst sonnigen, höchstens etwas halbschattigen Standort, der ausreichende Feuchtigkeit aufweist. Südwände mit voller Sonneneinstrahlung sind jedoch nicht als Standort für Spalierbäume geeignet, die Sauerkirsche liebt einen freien und luftigen Platz.

Unterlagen

Meist wird man sie auf der Unterlage Vogelkirsche oder der daraus selektierten 'F12/1' finden. Diese Unterlagen sind sowohl für Sauerkirschen als auch für Süßkirschen geeignet. Besonders auf trockenen Standorten ist die Steinweichsel-Unterlage *(Prunus mahaleb)* den Vogelkirschen-Unterlagen überlegen.

Sorten

Grundsätzlich teilen sich die Sauerkirschen in zwei Schnittgruppen, und zwar in Sorten, die hauptsächlich am einjährigen Holz tragen und sehr stark zur Verkahlung neigen, wodurch sich mit der Zeit ein hängender Wuchs ähnlich einer Trauerweide einstellt, und solchen mit aufrechtem Wuchs und Früchten am zwei- und dreijährigem Holz. Zu den erstgenannten Sorten gehört die Hauptsorte 'Schattenmorelle' mit ihren Selektionen 'Scharö' und 'Boscha'. Die hellfrüchtige Sorte 'Favorit' und die kaum verkahlende Sorte 'Morellenfeuer' sowie die besonders für niederschlagsarme Gebiete geeignete 'Rubinweichsel' gehören zur zweiten Sortengruppe.

Die bekannteste Sauerkirschensorte 'Schattenmorelle'

Ein Sauerkirschenbuschbaum mit geringer Stammhöhe ('Schattenmorelle').

Der Pflanzschnitt: Es bleiben vier Leitäste stehen.

Schnitt

Man entscheidet sich vorzugsweise für niederstämmige Bäume, die Stammhöhe sollte 60–70 cm keinesfalls überschreiten.

Pyramiden- und Hohlkrone

Man kann Sauerkirschenbäume als Pyramiden- oder Hohlkrone, aber auch als Fächerspalier (siehe S. 56) erziehen.

Beim Aufbau einer Pyramidenkrone wählt man drei bis vier Leitäste aus, wobei zu beachten ist, daß diese nicht zu steil stehen und sich keine zu dichte Krone mit ungenügendem Lichteinfall bildet. Um dies zu erreichen, schneidet man bei einer einjährigen Veredlung die Stammverlängerung an, kürzt die ausgewählten Leittriebe um die Hälfte auf eine nach außen zeigende Knospe ein und entfernt alle anderen vorzeitigen Verzweigungen. Die Stammhöhe wird durch die Auswahl der Leitäste festgelegt. Die Leitäste werden, wie auch der Mitteltrieb, jedes Jahr leicht angeschnitten, um die Triebneubildung zu fördern. Ist die Krone nach fünf bis sechs Jahren aufgebaut, beschränkt sich das weitere Schneiden auf den Erhaltungsschnitt. Entscheidet man sich danach für eine Hohlkrone, kann die Stammverlängerung, also der Mitteltrieb, entfernt werden. Damit wird der Lichteinfall in die dadurch entstehende Hohlkrone verbessert und die Pflege- und Erntearbeiten werden wesentlich erleichtert. Diese Maßnahme bewirkt auch eine starke Neutriebbildung, die man durch entsprechende Schnittmaßnahmen wie Ableiten überflüssiger Verzweigungen, zur Bildung einer ausladenden Kronenform verwendet.

Den Auslichtungsschnitt führt man nach der Ernte durch. Man entfernt dabei in das Kroneninnere wachsende Triebe. Die oft nur sehr dünnen Fruchttriebe sollten nach spätestens zwei Jahren an der Basis entfernt werden, da sie sonst verkahlen und stark überhängen.

Bei älteren Bäumen kann in der Winterruhe ein stärkerer Rückschnitt erfolgen, um den Baum zum Durchtrieb anzuregen. Verkahlte Äste können bis zu einem Drittel ihrer Länge eingekürzt werden. Entfernt werden auch stark hängende Triebe bis zu einer geeigneten Verzweigung oder, falls keine vorhanden ist, bis zur Stammbasis.

Kirschen benötigen für eine optimale Ernte andere Sorten zur Bestäubung. Wenn kein geeigneter Baum in der Nähe steht, kann man eine Befruchtersorte auf den Baum veredeln.

Süßkirsche

Prunus avium
Familie: Rosengewächse

Wissenswertes

Man pflanzt die Süßkirsche an einer sonnigen Stelle. Die frühe Blüte der Süßkirsche ist durch Fröste im Frühjahr gefährdet, man sollte also Lagen mit Spätfrostgefährdung ausschließen. Der Boden sollte nicht zu schwer und feucht sein; bei leichten Böden ist auf ausreichende Feuchtigkeitszufuhr und Versorgung mit Nährstoffen zu achten.

Da fast alle Süßkirschen selbstunfruchtbar sind und auf den Blütenstaub anderer Sorten angewiesen sind, sollte man bei einer Pflanzung darauf achten, daß verschiedene Sorten verwendet werden, falls kein

Die bei Schattenmorelle häufigen sogenannten Peitschentriebe müssen auf einjährige Triebe aufgeleitet werden.

Süßkirschenbaum in der Nähe steht. Die Entfernung sollte höchstens 75 m betragen. Steht kein entsprechender Kirschbaum in der Umgebung und fehlt der Platz im Garten für einen zweiten Baum mit einer Befruchtersorte, so kann man sich dadurch behelfen, daß man auf den vorhandenen Baum eine zweite entsprechende Befruchtersorte aufveredelt (siehe dazu Seite 61).

Süßkirschen werden nach ihrer Erntereife in „Kirschwochen" eingeteilt. Hier die Sorte 'Schneiders späte Knorpel'.

Unterlagen

Bis vor kurzem konnte ein Süßkirschenbaum, der auf Vogelkirsche (Sämlingsunterlage) oder der Unterlage 'F12/1' aufveredelt war, nur in einem großen Garten gepflanzt werden, da er durch seine Ausmaße viel Platz in Anspruch nahm. Als Sämlingsunterlage für Süßkirschen haben sich 'Harzer' und 'Limburger Vogelkirsche' bewährt. Trotz ihrer Anfälligkeit für Gummifluß und der Frostempfindlichkeit des Holzes hat sich aber die vegetativ vermehrte, aus Vogelkirsche gezüchtete Unterlage 'F12/1' für Süßkirschen durchgesetzt. In letzter Zeit werden aber in den Baumschulen auch Süßkirschenbäume auf schwachwachsenden Unterlagen wie 'Colt', 'GM 61/1', 'Weiroot' u. a. angeboten. Diese Bäume bleiben wesentlich kleiner und erreichen nur die Größe eines Sauerkirschenbaumes.

Vielfach zeigt sich die Eignung einer Unterlage erst nach Jahren, wenn es wegen schlechter Verträglichkeit der Unterlage mit der aufveredelten Sorte zu Baumausfällen kommt. Wer dieses Risiko nicht eingehen will, wird auf die bewährten Unterlagen zurückgreifen und mangelnde Schwachwüchsigkeit durch vermehrte Formierungsarbeit auszugleichen versuchen.

Sorten

Süßkirschensorten werden nach Reifewochen = Kirschwochen (KW) eingeteilt. Empfehlenswerte Sorten sind: 2. KW – 'Burlat', eine frühe Herzkirsche; 3. KW – 'Magda'; 4. KW – 'Star', durch späte Blüte weniger spätfrostgefährdet; 5. KW – 'Hedelfinger', wertvolle, große braunrote Knorpelkirsche, auch für rauhere und höhere Lagen noch geeignet; 'Van', bringt frühe Erträge, großfrüchtige, sehr feste Knorpelkirschen, auch für den Erwerbsanbau; 6. KW – 'Schneiders Späte Knorpel', sehr großfrüchtige und wohlschmeckende, aber zum Röteln neigende Knorpelkirsche; 'Sam', relativ platzfeste Knorpelkirsche mit reichlicher Fruchtholzbildung; 7. KW – 'Regina', erfrischend süße, sehr große und ziemlich platzfeste Knorpelkirsche; 'Kordia', eine große Knorpelkirsche; 8. KW – 'Hudson' am spätesten reifende, großfrüchtige Knorpelkirsche.

Schnitt

Pyramidenkrone

Süßkirschen werden nach der Ernte im August oder September im belaubten Zustand geschnitten. Der Kronenaufbau entspricht den Regeln des Kernobstes und wird wie beim Apfel durchgeführt (siehe S. 79). Die

Eine Süßkirsche vor dem Schnitt: Vor allem die Konkurrenztriebe des Mitteltriebes müssen beseitigt werden.

Nach dem Schnitt sind auch die nach innen wachsenden Triebe weggeschnitten.

Blütenknospen bilden sich bei der Süßkirsche hauptsächlich am zwei- und dreijährigem Holz an bukettartigen Trieben, an einjährigen Trieben befinden sich meist nur Blattknospen (siehe S. 20/21). Ist die Belichtung dieser Triebe unzureichend, so tritt eine Verkahlung ein, die Äste vergreisen. Dem wird durch regelmäßigen Schnitt vorgebeugt.

Die sich bei der Süßkirsche am Jahrestrieb aus den oberen Augen entwickelnden Triebe müssen ausgeschnitten werden, um einen geordneten Gerüstaufbau zu gewährleisten. Entfernt werden auch zu starke Endverzweigungen an den Leitästen sowie verkahlte, nach unten wachsende Fruchtzweige. Die Fruchtholzbildung wird wie beim Kernobst über die Förderung des Neutriebes erreicht. Bei Süßkirschen auf schwachwachsenden Unterlagen muß man vor allem auf eine genügende Ausbildung neuer Triebe bedacht sein. Man schneidet Stammverlänge-

rung und Leitäste leicht an und bindet die Leitäste waagerecht. Hier wird der Schnitt solange im Winter durchgeführt, bis die gewünschte Größe des Baumes erreicht ist; danach wird ebenfalls nach der Ernte geschnitten. Einjährige Triebe, die entfernt werden müssen, schneidet man bis auf wenige Blattknospen zurück, da von diesen bei Bedarf seitliche Triebe erzogen werden können.

Pflaume (Zwetsche, Mirabelle, Reneklode)
Prunus domestica
Familie: Rosengewächse

Wissenswertes

Um sortentypische, wohlschmeckende Früchte ernten zu können, ist eine sonnige Lage mit einem milden, jedoch nicht zu

Pflaumen blühen mit schönen weißen Blüten.

einheitlichen Eigenschaften bevorzugt.

Sowohl von 'St. Julien' als auch von 'Myrobalana' stehen mittlerweile vegetativ vermehrte Unterlagen zur Verfügung. Starke Verbreitung fand bisher die vegetativ vermehrte Unterlage 'St. Julien A'. Die aus Frankreich stammende, vegetativ vermehrte Unterlage 'INRA 655/2' zeichnet sich durch schwächeren Wuchs und frühen Ertragsbeginn aus. Weitere Schwachwuchs hervorrufende Unterlagen wie 'Pixy', 'Ishtara' u. a. m. sind noch in der Prüfung.

Sorten

Unter anderem können nachfolgende Sorten auch im Hausgarten gepflanzt werden. Für geschützte warme Lagen empfiehlt sich als

luftfeuchten Klima Voraussetzung. Der Standort sollte sonnig und geschützt sein, wobei auch in sonnigen Höhenlagen an Südhängen noch gute Erfolge erzielt werden können. Da die Blüte sehr früh einsetzt, sollte die gewählte Lage nicht spätfrostgefährdet sein. Lehmhaltige, nährstoffreiche Böden, die ausreichend feucht sind, fördern gesundes Wachstum. Die Frosthärte des Holzes wird durch zu viel Feuchtigkeit beeinträchtigt.

Unterlagen

Wie bei den Kirschen geht auch bei den Zwetschen der Weg zu schwächerwachsenden Unterlagen. Die wichtigen Sämlingsunterlagen sind die starkwachsende 'Myrobalana' und die etwas schwächere 'St. Julienpflaume'. Doch wie alle Sämlingsunterlagen weisen sie unterschiedlich starken Wuchs auf. Deshalb werden vegetativ vermehrte Unterlagen mit genetisch

Die Zwetschensorte 'Hauszwetsche'

Auch Mirabellen gehören zur Gruppe der Pflaumen. (Sorte 'Mirabelle von Nancy').

('Meschenmoser', 'Wolff', 'Schüfer', 'Etscheid') ab Anfang September bis Mitte Oktober, sie ist sehr anpassungsfähig, selbstfruchtbar und trägt reich Früchte mit gutem Geschmack.

Späte Sorten sind auch: 'Cacaks Beste', die nicht zu früh geerntet werden darf und nach völliger Ausfärbung noch etwa eine Woche am Baum hängen soll; 'Valor' mit nur mittelstarkem Wuchs und früh einsetzendem Ertrag; 'Valjevka', reichtragend mit gelbfleischigen Früchten und 'President' mit starkem, aufrechten Wuchs, zwar selbstunfruchtbar, aber reich tragend. Die altbewährte Mirabellen-Sorte 'Nancy Mirabelle' ist selbstfruchtbar, sehr widerstandsfähig gegen Frost und Krankheiten. Die bekannteste Reneklodensorte ist 'Große grüne Reneclaude'.

Frühsorte 'Ruth Gerstetter', die allerdings auf eine Befruchtersorte angewiesen ist; auch die altbekannte Frühsorte 'Ersinger Frühzwetsche' ist nur bedingt selbstfruchtbar, aber robuster. Die sehr ertragsreiche Frühsorte 'Herman' verträgt einen starken Schnitt. Weitgehend selbstfruchtbar ist die ab Anfang August reifende 'Cacaks Schöne'. Mittelfrühe Sorten sind die bei warmer Lage und ausreichend feuchtem Boden robuste, selbstfruchtbare und reichlich tragende 'Bühler Frühzwetsche' sowie 'Auerbacher', die nur bedingt selbstfruchtbar und bei zu feuchtem Standort anfällig für Holz- und Rindenkrankheiten ist.

Die schon altbekannte 'Deutsche Hauszwetsche' reift mit ihren verschiedenen Typen

Schnitt

Um bei Pflaumen einen optimalen Schnitt durchführen zu können, muß man wissen, daß sich die Blütenknospen bei dieser Obstart in erster Linie an kurzen Trieben am zwei- oder dreijährigen Holz entwickeln. Diese Triebe schließen dann mit einer Blattknospe ab. Die sogenannten Langtriebe hingegen sind fast ausschließlich nur mit Blattknospen besetzt (siehe S. 20/21).

Pyramidenkrone

Üblicherweise wurden Bäume der genannten Obstarten mit einer naturgemäßen, breitpyramidalen Krone herangezogen, die nur wenig geschnitten und geformt wurde.

Nach dem Pflanzschnitt (links) hat sich der Pflaumenjungbaum gut entwickelt (rechts).

Heute weiß man, daß auch bei diesen Bäumen der geregelte Aufbau wichtig ist. Man schneidet die Leitäste und Kronenmitte die ersten drei bis vier Jahre an, bevor man zum Pflegeschnitt übergeht. Dieser entspricht dem Schnitt von Kernobst und wird in derselben Art und Weise durchgeführt. Eine Verjüngung des Baumes kann mittels starkem Rückschnitt erfolgen und die gesamte Krone umfassen. Ziel ist dabei eine Fruchtholzerneuerung durch einen kräftigen Durchtrieb.

gen pflanzt, so wird man vorzugsweise eine sogenannte Tellerkrone heranziehen. Diese erleichtert sowohl die Pflege- als auch die Erntearbeiten. Zu beachten ist bei

Tellerkrone

Wenn man einjährige Veredlungen auf mittel- bis starkwachsenden Unterla-

Die Tellerkrone bei der Zwetsche erleichtert Pflege- und Erntearbeiten.

dieser Kronenform allerdings, daß sie sich am leichtesten bei von Natur aus flachwachsenden Sorten anwenden läßt; bei Sorten, die von sich aus steiler wachsen, wird der Schnittaufwand größer. Die Stammhöhe sollte unter einem Meter liegen, die Baumhöhe höchstens 3 m erreichen. Nach der Pflanzung wird der Mitteltrieb entsprechend der Garnierung, also der seitlichen Verzweigungen, auf ca. 1,20 m angeschnitten. Triebe, die sich vom Boden bis zu einer Höhe von 70–80 cm befinden, werden an der Basis entfernt.

Zwetschenbäume kann man auch zu sehr niedrigbleibenden Bäumen erziehen. Die Krone ist hier ausgelichtet worden, damit genügend Licht und Luft ins Innere der Krone gelangen kann.

Werden zweijährige Veredlungen gepflanzt, so wird lediglich die Mittelachse angeschnitten, drei bis vier für Leitäste vorgesehene Triebe bindet man, ohne sie anzuschneiden, in die Waagerechte; bindet man tiefer, so verhindert man den weiteren Zuwachs aus der Terminalknospe. In den folgenden Jahren wird der Mitteltrieb auf ca. 30–40 cm zurückgenommen, bis die erforderliche Anzahl an Fruchtästen erreicht ist. Man setzt dabei den Mitteltrieb nicht auf den jeweils stärksten Trieb, sondern geht dazu auf nur mittelstarke Triebe zurück. Jedes Jahr beläßt man der Mitte etwa drei gut verteilte Triebe. Den Rückschnitt überflüssiger Triebe sollte man nicht bis zur Basis durchführen, sondern kleine Zapfen mit ein oder zwei Blattknospen stehenlassen. Durch diese Maßnahme kann man den seitlichen Austrieb unterstützen. Ab dem sechsten Jahr sollte die Kronenerziehung abgeschlossen sein.

Die untersten, nicht angeschnittenen Leitäste tragen je nach Sorte ab dem zweiten Jahr Blüten. Man schneidet sie auch jetzt nicht an, sondern entfernt lediglich überflüssige, einjährige Triebe, die nicht zum Kronenaufbau benötigt werden. Hat der Baum seine endgültige Höhe erreicht, so wird der Aufbau der Mittelachse mit fruchttragenden, seitlichen Verzweigungen beendet. Bei Jungbäumen kann sich ein Sommerschnitt als notwendig erweisen, bei dem in erster Linie sogenannte Wasserschosse (siehe S. 30) entfernt werden.

Ist der Erziehungsschnitt beendet, wird durch den Erhaltungsschnitt sichergestellt, daß der Baum seine Form behält, in ausreichendem Maße junges Holz bildet und nicht vergreist. Bei der Tellerkrone ist ein jährlicher Winterschnitt unerläßlich. Dabei werden überflüssige, einjährige Triebe an der Stammitte entfernt, da es sonst zu einer Überbauung der Krone und damit zu einer gänzlich anderen Kronenform kommt. Senkrecht hochgewachsene Triebe an den sich seitlich ausladenden Ästen werden ebenso entfernt wie abgetragenes altes Fruchtholz, welches meist nach unten wächst. Dem Schnitt fallen auch alle Äste und Zweige zum Opfer, die eine gute Belichtung der Krone verhindern.

Spindelkrone

Für Kleingärten wird natürlich in erster Linie die Spindel von Interesse sein, da diese den geringsten Platzanspruch aufweist. Für die Pflanzung besorgt man sich in der Baumschule kräftige, einjährige Veredlungen mit guter Garnierung, d.h. mit ausgebildeten, seitlich stehenden, vorzeitigen Trieben. Nach der Pflanzung schneidet man den Mitteltrieb etwa 35 cm über dem obersten Seitentrieb ab. Die Seitentriebe schneidet man nicht zurück, sondern bindet sie herunter, denn je steiler sie stehen, desto stärker ist ihr Längenwachstum, und dieses ist bei dieser Baumform nicht das Ziel. Bis zu einer Stammhöhe von etwa 60–70 cm entfernen wir alle seitlichen Verzweigungen. Die verbleibenden vorzeitigen Verzweigungen und die sich später entwickelnden flachen Seitentriebe bilden die Fruchtäste. Das Fruchtholz erfährt hier die gleiche Behandlung wie beim Apfel (siehe S. 79); es wird fortlaufend verjüngt.

Zum Kronenaufbau schneidet man die Stammverlängerung in den ersten drei bis vier Jahren auf einen nicht zu steilen Seitentrieb zurück, der bei Bedarf leicht hochgebunden wird. Man erreicht dadurch ein schwächeres Wachstum des Mitteltriebes, während sich die Seitentriebe gut mit Fruchtholz garnieren. Hat der Baum eine Höhe von knapp 2 m erreicht, wird nicht mehr angeschnitten. Man achtet darauf, daß sich an den Seitenästen und bis zur Baumspitze zwar ausreichend kurze Triebe bilden, diese jedoch die unteren Fruchtäste nicht überbauen und das Kroneninnere zu stark beschatten. Es sei aber nochmals darauf hingewiesen, daß die Entstehung von Wasserschossen begünstigt wird, wenn Triebe zu weit, d.h. weiter als in die Waagerechte, herabgebunden werden.

Bei der ausgeführten Kronenform ist ein jährlicher Erhaltungsschnitt unumgänglich, da es sonst zu einem Durchtreiben des Baumes kommen kann, das nur sehr schwer

Bei beginnender Verkahlung von Fruchtholz (besonders bei Sauerkirschen) ist ein rechtzeitiger Schnitt notwendig (links). Entfernt werden auch Triebe, die für die Fruchtholzerneuerung nicht benötigt werden (rechts.)

und nicht ohne Ertragsverlust zu bremsen ist. Entfernt werden müssen abgetragene, mehrjährige Triebe sowie solche, die für die Fruchtholzverjüngung nicht benötigt werden. Ende Mai können bereits überflüssige Triebe mit der Hand ausgerissen werden; sie sind noch nicht zu sehr verholzt und daher leicht zu entfernen. Man verbessert dadurch den Lichteinfall in das Kroneninnere und kann auf den Sommerschnitt verzichten. Zu steil stehende Triebe sollten immer heruntergebunden werden, um die Bildung von Blütenknospen zu fördern.

Pfirsich, Nektarine

Prunus persica, Prunus nectarina
Familie: Rosengewächse

Wissenswertes

Pfirsich und Nektarine lieben warme, sonnige Lagen. Man sollte sie deshalb nur in Weinbauklima frei anbauen. Ist die Gegend rauher, so wird man diese Obstarten vorzugsweise an einer Südwand als Spalier erziehen. Durch ihre frühe Blütezeit sind diese auch stark spätfrostgefährdet. Der Boden sollte durchlässig, humus- und nährstoffreich sein. Ist das Klima oder die Lage unbefriedigend, so stellen sich sehr schnell Krankheiten wie Monilia, Schorf, Kräuselkrankheit oder Gummifluß ein.

Unterlagen

Bei Pfirsichen finden die arteigenen Sämlingsunterlagen der Sorte 'Kernechter

vom Vorgebirge' starke Verwendung. Da keine vegetativ vermehrten arteigenen Unterlagen vorhanden sind, verwendet man auch die vegetativ vermehrte 'St. Julienpflaume'. Die schwachwachsende Zwetschenunterlage 'Ishtara' ist für Pfirsiche ebenfalls geeignet.

Sorten

Mögliche Sorten für Hausgärten sind der frühreifende, gelbfleischige 'Dixired'; 'Junegold' ebenfalls frühreifend mit großen gelbroten, gelbfleischigen Früchten; 'Red Haven', der allerdings bei ungünstigem Standort krankheitsanfällig ist, ebenso wie 'South Haven', beide Sorten haben gelbes Fruchtfleisch und rotgefärbte Früchte. Wi-

In klimatisch günstigen Lagen können auch süße Nektarinen gedeihen.

derstandsfähig gegen Monilia und Kräuselkrankheit ist die alte Sorte 'Kernechter vom Vorgebirge'.

Schnitt

Pfirsich- und Nektarinenbäume tragen ihre Früchte mit Ausnahme der Bukettriebe ausschließlich am einjährigen Holz, wobei die Blütenknospen – sortentypisch unter Umständen etwas variabel – die Hälfte bis zwei Drittel eines Triebes besetzen, Basis und Ende der Triebe sind nur mit Blattknospen garniert. Dieser Eigenart ist beim Einkürzen von Trieben Rechnung zu tragen. Es entwickeln sich an den Bäumen vier verschiedene Triebarten, und zwar der wahre Fruchttrieb, der falsche Fruchttrieb, der Bukettrieb und der Holztrieb.

Den wahren Fruchttrieb erkennt man daran, daß sich an ihm sowohl Blatt- als auch Blütenknospen befinden, wobei meist zwischen zwei Blütenknospen eine Blattknospe eingebettet ist, wodurch die Ernährung der Früchte optimal gewährleistet wird. Bei den falschen Fruchttrieben findet man fast ausschließlich Blütenknospen; die Triebe sind fast immer schwach und können mangels ausreichender Ernährung sich daran entwickelnde Früchte nicht ernähren. Diese bleiben klein und geschmacklos oder werden abgestoßen. Falsche Fruchttriebe werden daher immer entfernt. Die mit Blattknospen versehenen Holztriebe finden beim Kronenaufbau Verwendung. Insgesamt gesehen verträgt diese Obstart einen starken Rückschnitt.

Hohlkrone

Vorzugsweise wird man den Pfirsich- oder Nektarinenbaum als Hohlkrone erziehen, da bei dieser Form die größtmögliche Licht- und Sonneneinstrahlung in das Kroneninnere gewährleistet ist und diese Obstart, wie beschrieben, äußerst wärmebedürftig ist. Man besorgt sich in der Baumschule ein- oder zweijährige Veredlungen mit gu-

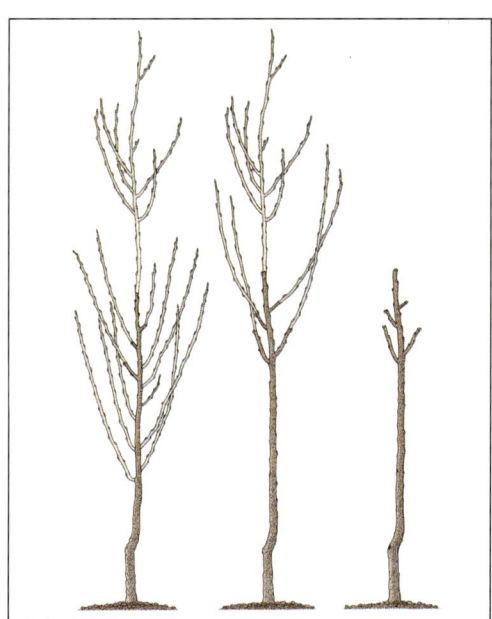

Der Pflanzschnitt beim Pfirsich: starker Rückschnitt der vier verbleibenden Leitäste, alle anderen vorzeitigen Verzweigungen werden entfernt. Die Mitte wird 20 cm über dem obersten Leitast eingekürzt.

ter Seitengarnierung. Nach der Pflanzung werden Seitentriebe bis zur gewünschten Stammhöhe – ca. 50 cm – entfernt. Von den darüberliegenden Trieben sucht man sich die kräftigsten vier bis fünf Seitentriebe zur Bildung der Leitäste, die gut um die Stammmitte verteilt und in der Höhe nicht zu weit voneinander entfernt sein sollen. Der Mitteltrieb wird bis zum obersten als Leitast vorgesehenen Trieb zurückgeschnitten.

Die für die Leitäste vorgesehenen Triebe nimmt man um die Hälfte bis zu einem Drittel zurück.

Die Verlängerungen der Leitäste werden in den folgenden Jahren jeweils um etwa die Hälfte eingekürzt. Um eine Verkahlung zu vermeiden, müssen abgetragene Triebe regelmäßig entfernt werden. Auch starke, sich an der Astoberseite bildende Holztriebe. Seitliche Holztriebe schneidet man auf

Pfirsich-Schnitt eines älteren Baumes. Die sehr zahlreichen, meist senkrecht nach oben wachsenden Triebe werden entfernt.

Nur die für den weiteren Aufbau notwendigen Leittriebe und Fruchtholz bleiben stehen.

zwei Augen zurück. So wird eine jährliche Holzerneuerung erreicht und damit die Basis für einen regelmäßigen Ertrag. Hat der Baum nach fünf Jahren die gewünschte Größenausdehnung erreicht, entfernt man alljährlich die sich an den Astenden bildenden Triebansammlungen mit einem Schnitt. Die Leitäste sollten die gleiche Höhe erreichen. Nach der Ernte im Sommer kann man bereits abgetragenes Fruchtholz auf einen kräftigen Jungtrieb in Astnähe zurücknehmen, ebenso schwache und überflüssige Triebe. Dies hat sich vor allem bei frühreifenden Sorten als vorteilhaft erwiesen.

Pyramidenkrone

Will man einen Baum mit breitpyramidaler Krone aufbauen, so schneidet man nach der Pflanzung die Stammverlängerung nur so weit zurück, daß sie den letzten Leitast etwa 10 cm überragt. Diese Krone wird am besten mit drei, höchstens vier Leitästen aufge-

baut. Zu steil nach oben wachsende Triebe bindet man etwas herunter, um das Längenwachstum zu bremsen. Der weitere Erhaltungsschnitt ist dem der Hohlkrone gleich.

Ein Pfirsichbaum mit etwas vernachlässigtem Schnitt. Hier wäre ein Einkürzen der überhängenden Triebe notwendig.

Der Pfirsich eignet sich auch vorzüglich für die Begrünung einer Wand. Am besten ist eine Südwand mit viel Sonneneinstrahlung.

baut. Sind zwei Drittel Spalierhöhe erreicht, wird der Mitteltrieb entfernt, und die weitere Formierung erfolgt analog dem Aufbau ohne Mitteltrieb. Man verhindert dadurch ein starkes Mitteltriebwachstum, die Wuchskraft verteilt sich 'fächerförmig' über die zu bekleidende Fläche.

Die Stammhöhe für das Fächerspalier sollte zwischen 40 und 50 cm liegen. Beim Anschneiden der Triebe achtet man auf die Lage der Augen, die seitlich günstig stehen sollen. Man bindet die Triebe in die gewünschte Lage, wobei zu steile Leitäste zu vermeiden sind. Ein starker Rückschnitt (ein bis zwei Drittel) der Verlängerung beim Aufbau des Spaliers ist nötig, um die Fruchtholzbildung zu fördern. An der Oberseite der Äste sich bildende oder schwache Triebe müssen laufend entfernt werden, um die Ausbildung wahrer Fruchttriebe zu fördern. Um das empfindliche Holz vor Sonnenbrand zu schützen – insbesondere in heißen extremen Südlagen –, sorgt man beim Schnitt für eine leichte Beschattung stärkerer Äste.

Ist ein Verjüngen des Baumes notwendig geworden, so kann man die Leitäste bis zu einem Viertel zurücknehmen und neu aufbauen. Dementsprechend verfährt man auch mit Nebenästen.

Spalier

Pfirsiche und Nektarinen eignen sich nicht zur Formierung strenger Spaliere, sind aber als Fächerspalier gut zu erziehen. Grundlage bildet die einjährige Veredlung. Beim Kauf achtet man auf eine gute Garnierung mit seitlichen Trieben. Will man niedere Wände bekleiden, wird man sich für die Erziehung ohne Mitteltrieb entscheiden, während man bei hohen Wänden das Fächerspalier mit einem Mitteltrieb auf-

Aprikose
Prunus armeniaca
Familie: Rosengewächse

Wissenswertes

Auch die Aprikose ist sehr wärmeliebend und stellt hohe Ansprüche an ihren Standort, der luftig sein sollte, um ein rasches Abtrocknen zu gewährleisten. Der Boden sollte warm, tiefgründig und humusreich sein. Da die Blüte oft schon Ende März erscheint, sind spätfrostgefährdete Lagen ungeeignet. Ein falscher Standort führt zur Anfälligkeit für Krankheiten und Pilzbefall. Am besten geeignet ist mildes Weinbauklima.

Unterlagen

Wie bei Pfirsich und Nektarine (siehe S. 95).

Sorten

Eine altbewährte Sorte mit starkem, aufrechtem und sparrigem Wuchs ist die 'Nancyaprikose'. Nur mittelstark wächst die gegen Holz- und Blütenfrost relativ widerstandsfähige Sorte 'Ungarische Beste'.

Schnitt

Pyramidenkrone

Man pflanzt vorzugsweise zweijährige Veredlungen, die einen Mitteltrieb sowie etwa

Kurztrieb mit Blüten

fünf Seitentriebe aufweisen sollten. Die gewählte naturgemäße Pyramidenkrone wird mit drei bis vier Leitästen aufgebaut, die gleichmäßig um den Stamm angeordnet sein sollten. Die Stammhöhe sollte 80 cm nicht über- und 60 cm nicht unterschreiten. Der Aufbau entspricht der naturgemäßen breitpyramidalen Krone bei Pflaumen (siehe S. 91). Die ersten Jahre werden bei der Aprikose jedoch zusätzlich alle nicht benötigten, einjährigen Triebe kräftig zurückgeschnitten. Man fördert so die seitliche Fruchttriebbildung. An diesen, etwa 10–30 cm langen, einjährigen Trieben, bilden sich bevorzugt die Blütenknospen. Stellt sich eine Verkahlung ein, so verjüngt man den Baum durch starken Rückschnitt der Leit- und Nebenäste, wobei man nicht vergessen darf, die Wunden mit Wundverschlußmittel gut zu versorgen.

Spalier

Der Aprikosenbaum eignet sich auch vorzüglich zum Aufbau eines Fächerspaliers an warmen Südwänden. Die Erziehung erfolgt

Aprikosen benötigen ein ähnlich warmes Klima wie Pfirsich und Nektarine.

wie beim Pfirsich-Fächerspalier (siehe S. 98). Steht das Spalier unter einem breiteren Dachvorsprung, ist gegebenenfalls für ausreichende Bodenfeuchtigkeit Sorge zu tragen.

Schalenobst

Haselnuß

Edelsorten von *Corylus avellana*
Familie: Birkengewächse

Wissenswertes

Die Haselnuß besitzt eine sehr hohe Widerstandsfähigkeit gegen Holzfrost, auch ihre Wärmeansprüche sind nur gering. Allerdings benötigt sie für ein gutes Gedeihen genügend Bodenfeuchtigkeit, wobei sich aber stauende Nässe schädlich auswirkt. Sie gedeiht auch noch im leichten Schatten, ist aber empfindlich gegen Rauchgase.

Sorten

Alle Haselnußsorten sind nur bedingt selbstfruchtbar, d.h. will man reichliche Erträge, so sollte man wenigstens zwei Sorten pflanzen wie z.B. die schwachwachsende, rotlaubige 'Rotblättrige Lambertnuß' mit allerdings nur ziemlich kleinen Kernen; 'Webbs Preisnuß' mit mittelstarkem, breitem Wuchs und reichen regelmäßigen Erträgen; 'Wunder von Bollweiler' mit schweren großen Kernen und starkem, breitaufrechtem Wuchs; empfehlenswert sind auch 'Hallesche Riesen', 'Weiße Lambertnuß' u.a.m.

Schnitt

Meist wird man die Haselnuß als Strauch finden, es ist aber auch möglich, diese robuste Nuß zu einem kleinen Stämmchen zu erziehen, was die Bodenpflege sehr vereinfacht. Die Nüsse entwickeln sich vorzugsweise am einjährigen Holz, so daß eine Holzerneuerung für einen regelmäßigen guten Ertrag Voraussetzung ist. Die sich zahlreich bildenden Wurzelstockausschläge schneidet man, sofern man sie bei Sträuchern nicht zur Verjüngung benötigt, an der Basis ab. Die Haselnuß nimmt auch einen starken Rückschnitt nicht übel, sondern treibt immer wieder willig aus.

Die Haselnußblüte gehört zu den frühesten im Jahr.

Haselnüsse kurz vor der Erntereife.

Walnuß
Juglans regia
Familie: Walnußbaumgewächse

Wissenswertes

Für den Hausgarten kommen nur veredel-te Walnußbäume in Betracht, die kleiner bleiben als die sich aus Samen bildenden Bäume. Trotzdem wird der Walnußbaum noch viel Platz in Anspruch nehmen.

Unterlagen

In den Garten sollten in jedem Falle ver-edelte Bäume gepflanzt werden, da deren Wuchseigenschaften besser einzuschätzen sind. Die übliche Unterlage ist Schwarznuß *(Juglans nigra)*.

Will man ein platzsparen-des Bäumchen heranzie-hen, so läßt man nur den stärksten Trieb stehen, an dem man bis zu einer Stammhöhe von 50–60 cm alle Verzweigungen ent-fernt. Drei bis vier starke Seitentriebe schneidet man an und verwendet sie als Leitäste. Die Mitte wird bis zum obersten Leitast her-ausgenommen und eine Hohlkrone erzogen. Durch alljährliches Auslichten, wobei besonders die an den Leitästen oberseits wachsenden Triebe ent-fernt werden, baut man ei-ne lichte, sehr lockere Kro-ne auf. Stockausschläge werden an der Basis sorg-fältig entfernt.
Zur Verjüngung kann man einen sehr starken Rück-schnitt durchführen.

Ein Walnußbaum benötigt im Garten viel Platz.

Sorten

Walnußedelsorten sind nur bedingt selbstfruchtbar, eine andere in der Nähe stehende Sorte vergrößert den Ertrag. Nur mittelstark im Wuchs, aber durch frühen Austrieb spätfrostgefährdet, ist die Sorte 'Esterhazy II'. 'Weinsberg 1' bildet lockere Kronen bei mittelstarkem Wuchs, die sehr großen Nüsse reifen aber in ungünstigen Lagen nicht voll aus, die Sorte ist daher nur für beste Standorte geeignet. 'Nr. 26' bildet breitaufrechte, große Kronen und ist durch den späten Austrieb nur wenig spätfrostgefährdet. 'Nr. 139' wächst mittelstark und kompakt, ist reich und regelmäßig tragend bei mittelfrühem Austrieb. 'Nr. 1247' bildet große und breite Kronen und verlangt durch den frühen Austrieb besonders warme und geschützte Standorte. Mildes Klima und geringe Spätfrostgefahr sind für gesundes Wachstum und sicheren Ertrag Voraussetzung.

Schnitt

Vorzugsweise wird man sich aus der Baumschule schon mehrjährige Bäume mit einjährig veredelter Krone besorgen oder einen Hochstamm mit einer Stammhöhe von 1,80 m. Der günstigste Schnittzeitpunkt ist Mitte, spätestens Ende September. Während der Winterruhe geschnittene Walnüsse bluten sehr stark, d. h., sie haben einen starken Saftaustritt an den Schnittstellen. Walnußbäume erhalten meist keinen Pflanzschnitt, sondern es werden nur verletzte oder abgebrochene Triebe weggeschnitten. Lediglich Schlitzäste sollten sofort bei der Pflanzung, spätestens jedoch im August des Pflanzjahres, entfernt werden. Bei dieser Maßnahme muß die Wunde unbedingt mit Baumwachs behandelt und bis zum völligen Wundverschluß laufend kontrolliert werden. Die Walnußkrone wird als Naturkrone erzogen, so daß lediglich zu dichte und steilstehende Äste entfernt werden.

Beerenobst

Johannisbeere

Ribes in Arten
Familie: Steinbrechgewächse

Wissenswertes

Johannisbeeren brauchen einen windgeschützten, vorwiegend sonnigen Platz im Garten. Sie können auch noch in höheren Lagen gepflanzt werden, lediglich spätfrostgefährdete Standorte sollte man vermeiden. An den Boden stellen sie keine besonderen Ansprüche, doch sollte es an Nährstoffen und Humus nicht fehlen und ausreichende Bodenfeuchtigkeit muß vorhanden sein. Man sollte zur Vorbeugung von Krankheiten einen Platz wählen, auf dem vorher keine Johannisbeeren standen.

Bei Schnittmaßnahmen im Winter „bluten" Walnußbäume sehr stark.

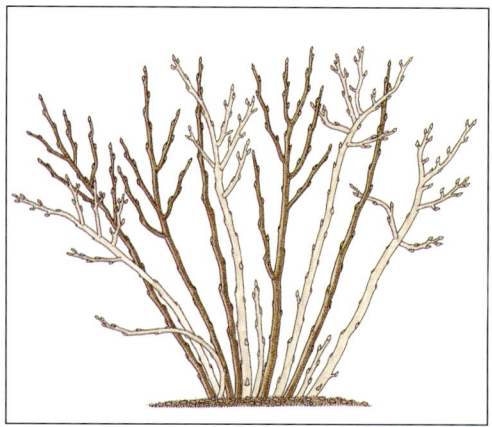

Johannisbeersträucher werden mit fünf bis sechs Leittrieben aufgebaut. Abgetragene Ruten werden ebenso wie zu stark nach innen wachsende entfernt.

Man pflanzt Johannisbeeren am besten im Herbst und verwendet dazu entweder Stämmchen mit einer Höhe von bis zu 90 cm (Hochstamm bis 90 cm, Kniestämmchen bis 40 cm) oder Sträucher mit 3–4, 5–7 oder 8–12 Trieben, wobei solche mit bis zu fünf Trieben am gebräuchlichsten sind. Der Vorteil bei den Sträuchern liegt in einem größeren Ertrag sowie im Erreichen eines höheren Alters gegenüber den Stämmchen, die mit einem Pfahl versehen werden müssen, jedoch das Ernten und Schneiden erleichtern sowie weniger Platz beanspruchen.

Bei der Pflanzung beachtet man, daß bei schwarzen Johannisbeeren alle benötigten Triebe mit ihrem Ansatz in der Erde stehen, also tiefer gesetzt werden als der Stand in der Baumschule war. Auch rote Johannisbeeren werden etwas tiefer gesetzt, etwa die Hälfte der zu belassenen Triebe sollte in der Erde stehen. Beim Pflanzschnitt werden nur die vier bis fünf stärksten Triebe belassen, alle anderen entfernt man an der Basis. Die zum Aufbau des Strauches benötigten Triebe werden bis etwa 30 cm zurückgeschnitten.

Rote und weiße Johannisbeere
Ribes ribesia

Sorten

Man unterscheidet bei den roten Johannisbeeren schwach-, mittel- und starkwachsende Sorten und dementsprechend wird auch der Schnitt ausgeführt.

Zu den schwachwachsenden gehören die Sorten: 'Heros' mit großen, langen Trauben, die allerdings zum Verkahlen neigt; 'Red Lake', die im Erwerbsanbau angebaut wird, und die weiße Sorte 'Weiße aus Jüterborg', die besonders für kalkarme Böden geeignet ist.

'Weiße Versailler', eine altbewährte, wenig Ansprüche an Boden und Klima

Rote Johannisbeeren haben, je nach Sorte, einen unterschiedlich starken Wuchs ('Jonkher van Tets').

Ein Johannisbeerstrauch mit zu dichtem Wuchs.

Nach dem Schnitt sind die Triebe gekürzt worden.

stellende Liebhabersorte; 'Rondom', deren Beeren auch ein etwas verspätetes Ernten nicht übelnehmen; die sehr robuste Sortenneuheit 'Rovada' mit großen Früchten und die ertragssichere 'Stanza' weisen einen mittelstarken Wuchs auf.

Starkwüchsig sind 'Jonkheer van Tets', eine frühreifende Sorte mit hohen Ansprüchen an den Standort; die robuste, besonders für schwere Böden geeignete 'Rote Vierländer'; 'Rotet' mit sehr großen Früchten an langen Trauben, die nicht verrieseln; die neue Sorte 'Rolan' mit mittelfrüh reifenden, großen Früchten an sehr langen Trauben und geringer Anfälligkeit für Blattfallkrankheit; die sehr ertragreiche 'Heinemanns Rote Spätlese' und 'Macherauchs Riesentraube', eine verbesserte 'Heinemanns Rote Spätlese', sowie 'Blanka', eine weiße Sorte mit großen bis sehr großen Früchten an langen Trauben.

Schnitt

Erstrebenswertes Ziel ist ein Strauch mit sechs Leittrieben, wovon jeweils zwei einjährig, zweijährig und dreijährig sind. Bei schwachwüchsigen Sorten werden die Leittriebe jedes Jahr zurückgeschnitten, um eine ausreichende Garnierung mit seitlichen Verzweigungen zu erreichen. Bei starkwachsenden Sorten ist dies nach Beendigung des Aufbaus nicht mehr nötig. Die seitlichen Verzweigungen werden auf sieben bis acht Knospen zurückgeschnitten, wobei man Ästchen, die ins Strauchinnere wachsen und zu einer Verdichtung und damit zu einer schlechten Belichtung führen, ganz entfernt. Abgetragenes Holz entfernt man besser bereits nach der Ernte, um die Knospenentwicklung anzuregen, die übrigen Schnittarbeiten führt man im März durch, wenn keine starken Fröste mehr zu erwarten sind.

Johannisbeerstämmchen beläßt man etwa drei bis vier Leittriebe, die gleichmäßig um den Mitteltrieb angeordnet sein sollen. Man schneidet die Triebe und seitlichen Verzweigungen an, um eine gute Garnierung zu erreichen, und kürzt jedes Jahr ein.

Schwarze Johannisbeere
Ribes coreosma

Sorten

Schwarze Johannisbeeren weisen innerhalb der Sorten keine gravierenden Wuchsunterschiede auf, wie dies bei den roten Sorten der Fall ist.

Angeboten werden u.a. die altbewährten Sorten 'Rosenthals Langtraubige Schwarze' mit einem kräftigen, gesunden Wuchs, aber einer relativen Frostempfindlichkeit; 'Silvergieters Schwarze', die nur bedingt selbstfruchtbar ist und daher nicht alleinstehen sollte. Weitere neuere Sorten sind die mehltau- und rostresistente 'Titania' mit mittelfrüher Reifezeit und sehr großen Früchten; die mit den gleichen Eigenschaften ausgestattete 'Ometa'; die ertragssichere Sorte 'Roodknop' u.a.

Schnitt

Auch bei schwarzen Johannisbeeren wird der Strauch mit fünf bis sechs Leittrieben aufgebaut. Nach dem Pflanzschnitt, der dem der roten und weißen Johannisbeere gleich ist, genügt in der Regel noch ein ein- bis zweimaliges Anschneiden der Leittriebe,

Der sehr dicht gewordene schwarze Johannisbeerstrauch wird stark ausgelichtet.

Licht und Luft können wieder in den Strauch gelangen.

Schwarze Johannisbeeren der alten Sorte 'Silvergieters Schwarze'

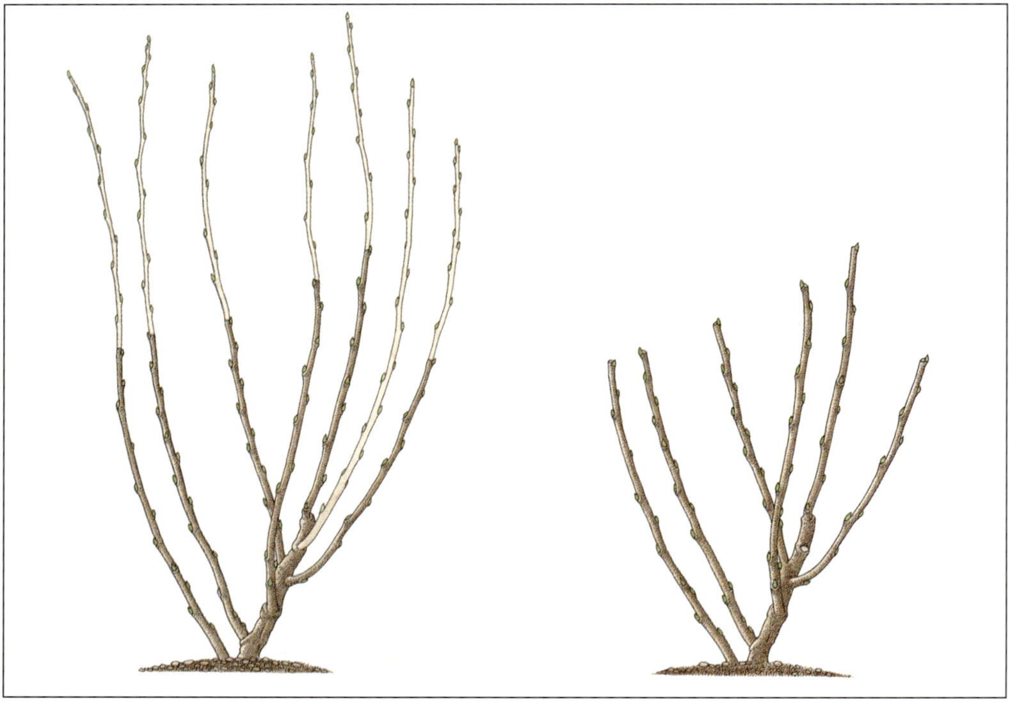

Pflanzschnitt bei einem Johannisbeerstrauch. Die Triebe werden um die Hälfte zurückgenommen.

da die Schwarze Johannisbeere willig Kurztriebe als Seitenverzweigungen bildet. Man sorgt für die Verjüngung, indem man jedes Jahr einen neuen Leittrieb aufbaut und einen abgetragenen entfernt. Schwarze Johannisbeeren tragen am besten am ein- und zweijährigen Holz, ältere Seitenverzweigungen werden entfernt. Der Schnitt kann nach der Ernte erfolgen oder im Laufe des Winters vorgenommen werden.

Stachelbeere
Ribes grossularia
Familie: Steinbrechgewächse

Wissenswertes

Die Stachelbeere liebt den Halbschatten und wächst gut zwischen Obstbäumen oder im Umfeld von Gebäuden. Meidet man Spät-

Stachelbeeren sind sehr erfrischend und wohlschmeckend (Sorte 'Grüne Kugel').

frostlagen, so kann man die Stachelbeere auch in höheren Lagen pflanzen, da sie keine besonderen Ansprüche an Wärme stellt. Der Boden sollte lehmig sein und nicht zu schnell abtrocknen. Leichteren Böden setzt man Humus zu und sorgt für genügend Bewässerung. Bei einem zu sonnigen Standort besteht die Gefahr des Sonnenbrandes an den Früchten; man sollte dann etwas Schattieren, z.B. mit Strohmatten.

Am besten pflanzt man im Herbst, wobei Stachelbeeren in der gleichen Höhe wie in der Baumschule gepflanzt werden, so daß die Triebe nicht mit Erde bedeckt werden.

Sorten

Zum Beispiel 'Rote Triumph', 'Weiße Triumph' oder die neuen, weitgehend stachelbeermehltauresistenten Sorten 'Rokula', 'Invicta' und 'Hinnonmäki'.

Schnitt

Man kann wählen zwischen Büschen mit bis zu sieben Trieben, Hochstämmchen bis

Der Aufbau eines Stachelbeerstrauches mit sechs Leittrieben. Um zur Ernte besser ins Innere des Strauches greifen zu können, wird der mittlere Trieb entfernt.

90 cm und Kniestämmchen bis 40 cm Stammhöhe.

Büsche werden meist mit drei bis fünf Leittrieben aufgebaut, wobei man die stärksten beläßt. Diese werden auf 20–30 cm Höhe angeschnitten. Der fertig erzogene

Auslichtungsschnitt eines älteren Stachelbeerstrauchs. In mehreren Schritten wird der Strauch von unten her ausgelichtet.

Beim ausgelichteten Stachelbeerstrauch werden noch die Triebspitzen eingekürzt, um den Befall durch Amerikanischen Stachelbeermehltau zu verringern. Das Schnittmaterial entfernen und vernichten!

hannisbeeren durch jährliche Erneuerung eines Triebes der Vergreisung vorgebeugt. Die an den Leittrieben befindlichen, seitlichen Verzweigungen nimmt man bis auf drei Knospen zurück, es sei denn, man hat im Strauchinneren genügend Platz, dann kann ein kräftiger Trieb auch einmal mit bis zu acht Knospen stehenbleiben. Kurztriebe mit Bukettknospen läßt man stehen. Der Aufbau des Strauches sollte so locker sein, daß man, ohne sich zu verletzen, in das Innere greifen kann. Bei Stämmchen, gleich welcher Höhe, baut man die Krone mit drei bis vier Leittrieben um den Mitteltrieb auf, die gleichmäßig verteilt sein sollten, wobei alle Triebe angeschnitten werden. Geschnitten wird die Stachelbeere am besten im Winter von Ende November bis Anfang März. Zu beachten ist, daß alle Triebe angeschnitten werden müssen, um dem Befall des Amerikanischen Stachelbeermehltaus entgegenzuwirken.

Strauch sollte nicht mehr als acht kräftige Leittriebe aufweisen, die sich jedoch nicht aus dem Boden, sondern aus dem unteren Teil der Pflanzen knapp oberhalb der Erde entwickeln. Auch hier wird wie bei den Jo-

Ungeschnittener, älterer Stachelbeerhochstamm.

Nach dem Schnitt sind die Leitäste deutlich zu erkennen.

Josta-Beeren sind ein Kreuzung aus Johannis- und Stachelbeere (Blüte).

Jostabeere
Ribes nidigrolaria
Familie: Steinbrechgewächse

Wissenswertes

Bei der Jostabeere handelt es sich um eine Kreuzung zwischen Johannis- und Stachelbeere. Sie stellt keine besonderen Ansprüche an den Standort, benötigt jedoch viel Platz (bis 4 m^2) und viel Sonne, damit sich die Früchte optimal entwickeln können.

Sorten

An Sorten werden angeboten 'Jogranda' mit einem schwachen bis mittelstarken, eher flachen Wuchs sowie 'Jostine' mit starkem, aufrechtem Wuchs.

Schnitt

Man pflanzt Sträucher mit drei bis vier Trieben, die etwas eingekürzt werden. Da die Triebe sehr willig Seitenverzweigungen ausbilden, benötigt der Strauch keinen Erziehungsschnitt. Man achtet lediglich darauf, daß er nicht zu dicht wird, und entfernt gegebenenfalls einige schwache Seitentriebe. Nach etwa fünf Jahren sind die Leittriebe abgetragen; sie werden entfernt und durch neue Bodentriebe ersetzt, wobei man nicht zu starke Triebe auswählt, da mittelstarke Triebe die beste Fruchtbarkeit aufweisen. Im übrigen sorgt ein mäßiges Auslichten für gute Sonneneinstrahlung im Strauchinneren. Überhängende Triebe können bis zur Hälfte eingekürzt werden.

Himbeere
Rubus idaeus
Familie: Rosengewächse

Wissenswertes

Die Himbeere liebt helle, sonnige Lagen mit einem humusreichen, feuchten und nährstoffreichen Boden.

Man pflanzt einjährige Ruten mit zwei starken Adventivknospen (Wurzelknospen) im Abstand von 50 cm, die 4–5 cm mit Erde bedeckt sein sollen. Himbeeren zieht man am Gerüst mit etwa zehn Trieben je laufendem Meter, entweder senkrecht oder im V-System.

Beim senkrechten Gerüst bringt man am Randpfosten, der schräg verankert wird, in Höhe von 0,8 m und 1,5 m Spanndrähte an. Hier bieten sich zwei Möglichkeiten. Hat man die Absicht, die Himbeerruten anzubinden, so zieht man jeweils einen Draht. Zieht man den Draht jeweils doppelt, so können die Himbeerruten durchgezogen werden. Um einen festen Halt zu gewährleisten, zieht man die nebeneinander gespannten Drähte mittels einer Klammer o.ä. zusammen.

Zieht man Himbeeren am V-Gerüst, so pflanzt man zwei Reihen im Abstand von 50 cm mit jeweils drei Pflanzen pro laufendem Meter. Das V-Gerüst weist am Boden eine Entfernung von 50 cm, in einer Höhe von 1,6–1,7 m eine Spannweite von 1–1,2 m auf. In Höhe von 1 m und 1,6–1,7 m werden Spanndrähte angebracht. Für die das Gerüst tragenden Pfähle ist eine gute Verankerung besonders wichtig. Die tragenden Ruten werden angebunden, die Jungruten können sich ungestört in der Mitte entwickeln und behindern nicht bei der Ernte.

Nach der Pflanzung schneidet man die Himbeerruten etwa 50 cm über dem Boden zurück. Kommt es zu keinem Austrieb, so kann die Verzögerung in einer ungenügend entwickelten Adventivknospe liegen. Der Austrieb erfolgt dann im darauffolgenden Jahr.

Sorten

Das Sortenangebot ist mannigfaltig. Altbekannt ist die Sorte 'Schönemann' mit kräftigem Wachstum und hohen Erträgen; die neueingeführte, nordamerikanische

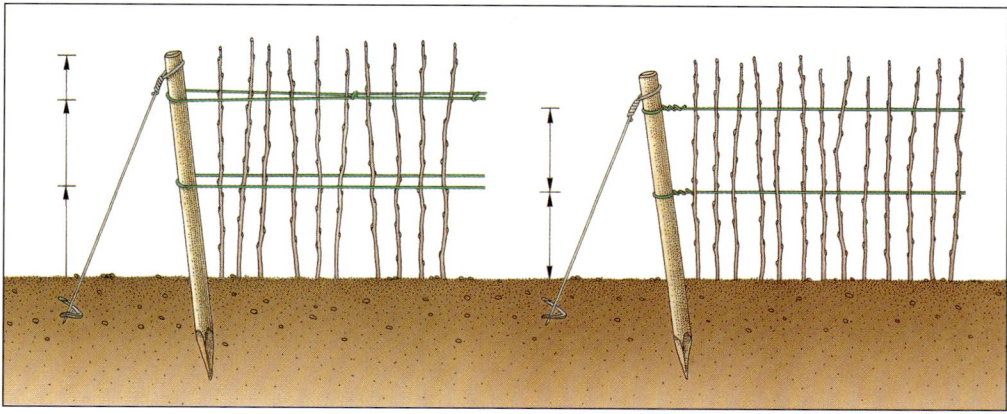

Zwei verschiedene Gerüste: Die Variante links mit doppeltem Draht bietet den Vorteil, daß die Ruten nicht am Draht befestigt werden müssen. Der Draht wird an verschiedenen Stellen zusammengezogen und hält die Ruten. Bei der Variante rechts müssen die Ruten angebunden werden. Dies kann mit speziellen Klammern, aber auch mit Bast oder Bindfaden geschehen.

Himbeeren sind köstliche Früchte.

Sorte 'Meeker' ist robust und virusresistent; die neue Frühsorte 'Willamette' ist nur wenig anfällig gegen Ruten- und Wurzelerkrankungen; 'Rutrago' hat nur wenig stachelige Ruten und ist resistent gegen Blattläuse; sehr robust und auch resistent gegen die virenübertragenden Blattläuse ist die zweimaltragende Sorte 'Rusilva' sowie die sehr ertragreiche 'Rucanta'; 'Himbostar' ist von mittelstarkem Wuchs; 'Zeva-Herbsternte' ist eine wertvolle Herbstsorte, die erst Ende August bis Mitte Oktober fruchtet.

Schnitt

Einmaltragende Himbeeren entwickeln die Blütenknospen an den vorjährigen Ruten. Die abgeernteten Ruten werden nach der Ernte unmittelbar am Boden entfernt, so daß sich die neuentwickelten Ruten kräftigen und gut entwickeln können. Man beläßt jeder Pflanze immer die kräftigsten Ruten, die schwäche-

Die abgeernteten Ruten werden unmittelbar nach der Ernte dicht am Boden abgeschnitten.

ren und nicht benötigten werden entfernt.

Zweimaltragende Himbeeren tragen im Herbst an den in diesem Vegetationsjahr gewachsenen Ruten und im darauffolgenden Sommer an den gleichen Ruten ein zweites Mal. Begnügt man sich mit der Herbsternte, so entfernt man die tragenden Ruten nach der Ernte, sonst im nächsten Jahr nach der Sommerernte.

Brombeere

Rubus in Arten
Familie: Rosengewächse

Wissenswertes

Brombeeren lieben einen sonnigen bis halbsonnigen Standort mit einem guten, lockeren und nahrhaften Gartenboden. Da das Holz der Brombeere frostempfindlich ist, sollte die Pflanze vor den kalten Winterwinden etwas geschützt sein. Man kann Spaliere ziehen, aber auch Zäune damit bekleiden.

Man errichtet das Stützgerüst vor der Pflanzung. Es genügen Pfosten, zwischen die man zwei oder drei Drähte spannt, an denen die Ranken fächerförmig hochgebunden werden. Die Höhe des Gerüstes sollte etwa 2 m betragen, die Drähte spannt man in einer Höhe von 50–100–180 cm bzw. 100–180 cm.

Der Pflanzabstand in der Reihe sollte 3–4 m betragen, nach der Pflanzung schneidet man die Ruten auf eine Länge von 50 cm zurück.

Sorten

An Sorten werden u.a. angeboten die stark bedornte und frostempfindliche, jedoch sehr aromatische und qualitativ ausgezeichnete 'Theodor Reimers'; die stachellose 'Jumbo' mit den größten Früchten; die sehr frostharte 'Oregon Thornless'; die geschlitztblättrige, stachellose Liebhabersorte

Ein Zaun läßt sich sehr schön als Rankhilfe für eine Brombeere einsetzen.

'Thornless Evergreen'; die starkwüchsige, hohe Erträge liefernde 'Thornfree', die Hauptsorte des Erwerbsanbaues. Nur mittelstark wächst die Sorte 'Black Satin'.

Schnitt

Wie die Himbeere trägt auch die Brombeere ihre Früchte an den im Vorjahr gewachsenen Trieben. Aus den Adventivknospen treibt sie willig immer wieder neue Ranken.

Brombeer-Früchte der Sorte 'Thornfree'

Auch Brombeeren benötigen ein Gerüst als Rankhilfe. Die sich seitlich bildenden Geiztriebe sollten während der Vegetation laufend entfernt werden. Geiztriebe dürfen gar nicht erst entstehen.

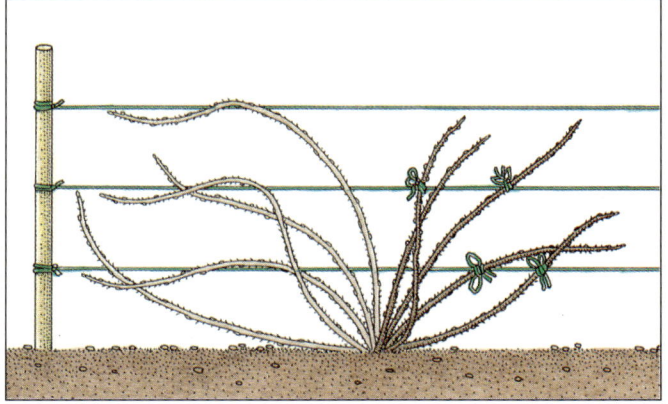

Die abgebildete Trennung der Brombeerruten (links Jungruten, rechts Tragruten) erleichtert die Ernte.

Man beläßt einer Pflanze vier bis sechs Ranken, die man nicht länger als 3–3,5 m werden läßt und bindet diese fächerförmig an das Spalier. Die sich bildenden Geiztriebe schneidet man während der Vegetation auf zwei bis drei Blätter zurück. Abgeerntete Ruten werden entfernt und durch junge ersetzt. Um dem Holz Frostschutz zu geben, schneidet man die Brombeeren erst im März, wenn keine starken Fröste mehr auftreten. Die an der Pflanze verbleibenden Blätter bilden einen Schutz, und es kommt zu weniger Holzfrostschäden. Erst im Frühjahr werden die überflüssigen Triebe sowie die Geiztriebe bis auf ein Auge entfernt. Sind die Jungruten nach einem Winter trotzdem erfroren, so ist zwar die Ernte für das kommende Jahr zerstört, die Pflanze selber treibt aber wieder willig neue Jungruten.

Heidelbeeren benötigen einen sauren Boden mit einem pH-Wert um 4,5.

Heidelbeere
Vaccinium corymbosum
Familie: Erikagewächse

Wissenswertes

Die Kulturheidelbeere bringt nur in einem sauren Boden, der während der ganzen Vegetationszeit nicht austrocknen darf, den gewünschten Erfolg. Man kann eventuell mit Torfgaben, deren Höhe sich nach dem pH-Wert des Bodens, der etwa 4,5 betragen soll, richtet, nachhelfen. Der Standort sollte etwas windgeschützt und sonnig sein.

Sorten

In den Baumschulen werden verschiedene Sorten angeboten wie z.B. die kräftig wachsenden Sorten 'Goldtraube' und 'Bluecrop'; die frostharte und daher auch für Höhenlagen geeignete 'Patriot' mit starkem aufrechten Wuchs oder die niedere, buschig wachsende 'Top Hat'.

Heidelbeeren tragen nur an einjährigen Trieben.

Schnitt

Da die Kulturheidelbeere Blütenknospen nur am einjährigen Holz bildet, ist das Fördern des Neutriebes vorrangiges Ziel des Schnittes. Nach der Pflanzung werden nur beschädigte Ästchen abgeschnitten. Die ersten Schnittmaßnahmen erfolgen nicht vor dem vierten Standjahr. Der fertige Strauch sollte acht kräftige Bodentriebe aufweisen. Überaltertes Holz wird durch neues ersetzt, das entweder aus Bodentrieben oder kräftigen tiefstehenden Seitentrieben entsteht. Im Idealfall wird man jedes Jahr etwa zwei Triebe ersetzen, so daß kein Holz älter als vier Jahre wird. Ein regelmäßiges Auslichten sorgt für gute Garnierung und Bildung einjähriger Triebe. Geschnitten wird während der Vegetationsruhe in den Wintermonaten.

Kiwi

Actinidia chinensis
Familie: Strahlengriffelgewächse

Wissenswertes

Kiwis sind sehr wärmeliebend und frostempfindlich, man zieht sie daher in unserer Klimazone am besten an warmen Hauswänden als Spalier, nicht jedoch an der direkten Südseite von Gebäuden mit praller Sonneneinstrahlung. Will man ein freistehendes Spalier im Garten errichten, sollte man dieses in Nord-Süd-Richtung anlegen, da hier die pralle Mittagssonne die Früchte am wenigsten trifft. Da Kiwis sehr windempfindlich sind, wählt man eine windgeschützte Stelle. Weinbauklima ist die Voraussetzung für ei-

nen erfolgreichen Kiwianbau. Sollte es vorkommen, daß in einem strengen Winter die Kiwipflanze trotz Frostschutz bis zum Boden zurückfriert, so treibt sie wieder aus dem Wurzelstock aus. Der Boden sollte humusreich und tiefgründig sein. Obwohl die Kiwi einen hohen Wasseranspruch hat, verträgt sie keine stauende Nässe, Regenwasser muß gut abfließen können, notfalls kann hier eine Drainage Abhilfe schaffen.

Da die Kiwipflanze getrenntgeschlechtlich ist, benötigt man männliche und weibliche Pflanzen, wobei eine männliche für sechs, maximal acht weibliche benötigt wird.

Man errichtet ein Drahtgerüst von mindestens 2 m Höhe und bringt in Abständen von 50 cm Spanndrähte an. Die Stützpfähle müssen gut verankert werden, da der Kiwistrauch eine große Blattmasse bildet. Der Pflanzabstand beträgt etwa 4 m, kann sich die Pflanze nach oben hin ausdehnen, kann man auf 3 m Abstand pflanzen. Kiwis können an Pergolen oder Hauswänden eine Höhe bis zu 6 m erreichen. Bei einem freistehenden Spalier können in ca. 2 m Höhe links und rechts je ein weiterer Spanndraht angebracht werden (T-Spalier), so daß sich der Strauch in der Höhe breiter ausdehnen kann und festeren Halt findet. Kiwis sind keine reinen

Kiwi-Spalier an einer Hauswand.

Ein Spalier aus Holz ist stabil genug für die an einem optimalen Standort sehr üppig wachsenden Kiwis.

ist sehr winterfest und gut für unser Klima geeignet. 'Ambrosia' ist absolut winterhart, die Früchte sind glattschalig und brauchen nicht geschält zu werden, erreichen aber nur die Größe von großen Stachelbeeren, ebenso Früchte der Sorte 'Maki', die rot ausgefärbt sind und auch nur 2–3 cm lang werden. Die neue weibliche Sorte 'Jenny' ist Züchterangaben zufolge selbstfruchtend.

Selbstklimmer, die ersten Jahre muß man die Ranken an das Gerüst binden, später umranken sie die Spanndrähte allein. Man muß allerdings darauf achten, daß sich die jungen Ranken nicht über die alten schlingen, da dies die Schnittarbeit sehr erschwert.

Nach der Pflanzung schneidet man Kiwis auf drei Augen zurück.

Sorten

Man hat die Wahl zwischen verschiedenen Sorten, wobei jedoch auf den gemeinsamen Blühtermin der männlichen und weiblichen Sorte geachtet werden muß. So ist die männliche Sorte 'Nostino' als Befruchter für 'Ambrosia' und 'Maki' geeignet, 'Tomuri' für 'Hayward', während 'Matua' alle weiblichen Kiwisorten befruchtet. Die weibliche ertragreiche Sorte 'Hayward' wächst nur mäßig und blüht relativ spät; 'Starella' mit sehr großen Früchten

Schnitt

In den folgenden zwei Jahren nach der Pflanzung läßt man die Pflanze am Gerüst frei wachsen. Ab dem dritten Standjahr muß regelmäßig geschnitten werden, da die Kiwi als rankende Pflanze alles in ihrer Nähe befindliche umschlingt und dabei

Kiwis, am optimalen Standort, können zahlreiche Früchte hervorbringen.

Kiwi-Sommer- und Winterschnitt: Jungtriebe werden im Winter auf fünf bis sechs Knospen eingekürzt (links), im Sommer darauf haben sich Früchte gebildet. Zur besseren Belichtung der Früchte werden die Triebe auf fünf bis sechs Blätter hinter den Früchten eingekürzt. Abgetragene Bereiche werden im Winter entfernt und auf einen neuen Jungtrieb aufgeleitet.

auch vor ihren eigenen Trieben nicht halt-macht. So bildet sich schnell ein undurch-dringliches Gestrüpp.

Früchte entwickeln sich hauptsächlich an einjährigen Fruchttrieben, wobei jeweils die erste bis vierte Knospe nach der Verzweigung vom Leittrieb Blütenknospen sind. Ab dem dritten Standjahr werden in der zweiten Sommerhälfte, wenn die Früchte walnußgroß geworden sind, die früchtetragenden Seitentriebe auf fünf bis sieben Blätter zurückgenommen, ebenso entfernt man überflüssige Schlingtriebe.

An Trieben, die einmal Früchte hervorge-bracht haben, bilden sich keine Blüten-knospen mehr. Man muß daher beim Winterschnitt darauf achten, der Pflanze genügend einjährige Triebe zu belassen. Abgetragenes Holz kann kräftig zurückge-schnitten werden, ebenso entfernt man rigoros alle überflüssigen Äste. Beim Schnitt muß man mit der Pflanze sehr vorsichtig umgehen, da die Kiwiranken im Winter sehr leicht an der Ansatzstelle abbrechen. Man führt die Arbeiten am besten Ende Februar aus, wenn mit keinen starken Frösten mehr zu rechnen ist. Dabei darf man aber nicht bis nach Mitte März warten, da

die Pflanze sonst ähnlich der Walnuß an den Schnittstellen sehr stark blutet und so viel Kraft einbüßt.

Weinrebe

Vitis vinifera
Familie: Rebengewächse

Wissenswertes

Schöne Rebspaliere an Hauswänden, aber auch freistehende Spaliere sind ein Blick-fang in jedem Garten. Je nach Sorte kann der Gartenfreund bereits ab August bis in den Spätherbst davon naschen oder köst-lichen Saft daraus bereiten.

Die Weinrebe braucht für ihr Wachstum in unserer Klimazone eine Gegend mit war-mem Sommer- und langem sonnigen Herbstwetter, wie dies in den sogenannten Weinbaugebieten der Fall ist. Als Hausspa-lier an einer warmen geschützten Süd-wand kann man unter Umständen auch noch in etwas weniger begünstigten La-gen Erfolg mit dem Anbau der Weinrebe haben. Doch empfiehlt sich auch in Wein-baulagen bei freistehenden Spalieren die Verwendung von robusteren Sorten.

Auch ein Rebstock ist ein attraktiver Hausbegrüner.

Der Boden darf keine Staunässe aufweisen, sollte jedoch nährstoffreich sein. Weinreben vertragen zwar Trockenperioden, doch wird die Entwicklung durch leichte Wassergaben während regenarmer Zeiten mit hohen Temperaturen gefördert.

Die Baumschulen bieten als Pflanzgut einjährige Topfreben an, die einem mit Wurzeln besetzten Rebholz vorzuziehen sind, da sie besser anwachsen. Gepflanzt wird bei einem Hausspalier 25 cm von der Wand entfernt, bei einem freistehenden Spalier 10 cm von diesem entfernt. Will man mehrere Stöcke pflanzen, so sollte der Abstand etwa 2,50 m betragen. Damit die Wurzeln weit genug von der Haus-

wand entfernt sind, pflanzt man die Jungrebe schräg zum Spalier, wobei die Veredlungsstelle 3–4 cm über den Boden herausragen soll. Der Trieb wird nach der Pflanzung auf ein Auge zurückgeschnitten.

Sorten

Grundsätzlich lassen sich alle Traubensorten am Spalier erziehen. Doch die europäischen Weißweinsorten wie 'Riesling', 'Silvaner' oder 'Müller Thurgau' und auch die Rotweinsorte 'Blauer Burgunder' sind für den Liebhaberanbau nicht

Reiche Traubenernte.

so geeignet, da sie einen höheren Pflanzenschutzaufwand erfordern. Weit anspruchsloser sind die sogenannten Direktträger, die nicht veredelt werden. Diese Sorten sind aus Kreuzungen europäischer Sorten mit reblausresistenten amerikanischen Sorten entstanden. Sie sind sehr widerstandsfähig und gesund, doch ihre geschmacklichen Leistungen reichen nicht an die der europäischen Sorten heran.

Es gibt sowohl weiße Direktträgersorten wie 'Excelsior' oder 'Seyval' als auch blaue Direktträgersorten wie 'Campell Early' oder 'Gros Framboisé'. Von den europäischen Sorten haben der 'Weiße' und der 'Rote Gutedel' als Tafeltraube große Bedeutung, während sie als Weintraube kaum noch Beachtung finden. Weitere weiße Spaliersorten sind 'Perle von Czaba', 'Königin der Weingärten' und 'Madeleine Royale'. Neben dem 'Roten Gutedel' sind noch 'Königsgutedel', 'Muskatgutedel', 'Schönburger' und 'Muskat Hamburger' als dunkle Sorten zu nennen. Diese europäischen Sorten müssen immer veredelt sein, während die Direktträger selbst durch Absenker vermehrt werden können.

Schnitt

Gleichgültig, ob man ein Spalier an einer Hauswand oder ein freistehendes Spalier haben will, die Erziehung der Rebe ist im ersten Jahr immer gleich. Nach dem Pflanzschnitt auf ein Auge wird der Austrieb durch häufiges Festbinden und Ausbrechen der Geiztriebe gerade nach oben geleitet. Wächst die Rebe sehr stark, so kann bereits nach dem ersten Jahr auf die gewünschte Stammhöhe angeschnitten werden. Man schneidet früh, um Augenschäden durch starkes Tropfen an der Schnittstelle zu vermeiden, und führt den Schnitt 2–3 cm schräg über dem obersten Auge, so daß der austretende Saft vom Auge weggeleitet wird.

Nach dem ersten Standjahr wird bei der Rebe die Höhe des Stämmchens festgelegt. Der Schnitt erfolgt fünf bis sechs Augen über der gewünschten Stammhöhe (im Bild 30 cm).

Schwache Reben werden im ersten Jahr nochmals auf zwei Augen zurückgeschnitten, damit sie kräftiger werden. Die Bildung des Stämmchens erfolgt dann erst ein Jahr später.

Will man eine Hauswand begrünen, so wird man ein Spalier errichten. Die Fruchtruten, die nach dem Anschneiden der Stammhöhe entstehen, werden im Spätwinter bis auf eine entfernt. Diese wird am waagerechten Spalier befestigt und auf 40–50 cm eingekürzt. Von den aus diesem Streckbogen treibenden Fruchtruten werden drei oder vier nach oben wachsende belassen. Die vorderste Rute wird waagerecht am Spalier befestigt und dann im Spätwinter ebenso auf 40 cm eingekürzt. Die senk-

Rebschnitt vorher/nachher: Die abgetragenen Triebe werden auf zwei Augen zurückgeschnitten.

gewachsen sind, wird später immer die obere entfernt und die untere wieder auf zwei Augen zurückgeschnitten.

Kordon
Läßt die Triebkraft nach, bevor der Raum ausgefüllt ist, kann eine weitere Jungrebe daneben gepflanzt und analog dazu erzogen werden. Ist in der Höhe noch Platz, so kann man z.B. eine weitere Sorte darüber in der gleichen Weise erziehen, nur statt mit 40 cm Stammhöhe mit einer Stammhöhe von 1,40 m, damit die aus den Zapfen des unteren Stockes treibenden Fruchtruten gut 1 m senkrecht hochwachsen können. Diese Methode, der sogenannte Kordon, läßt sich auch für freistehende Drahtspaliere verwenden.

Fächerspalier
Man kann eine größere Fläche auch mit einem Fächerspalier bedecken. Ausgangspunkt ist wiederum ein Stämmchen mit 40 cm Höhe. An dem Stämmchen bilden sich im zweiten Standjahr kräftige Ruten, von denen man die drei bis fünf obersten beläßt, die anderen werden weggeschnitten. Man schneidet in den nächsten Jahren jeweils das Stämmchen, also den Mitteltrieb, auf fünf bis sechs Augen, die sich bildenden Seitentriebe auf vier bis fünf Augen zurück. Die an den Seitentrieben entstehenden Verzweigungen werden auf Zapfen zurückgeschnit-

rechten Fruchtruten, an denen man im Sommer nur eine Traube beläßt, werden beim Winterschnitt auf Zapfen mit zwei Augen zurückgeschnitten. Dieser Vorgang wiederholt sich nun jedes Jahr, wobei die vorderste Fruchtrute solange am Spalier weitergezogen wird, bis der vorgesehene Raum ausgefüllt ist oder die Triebkraft des Stockes nachläßt. Von den beiden Fruchtruten, die aus den Zapfen

ten, die noch zwei Augen aufweisen sollen. Man schneidet 1 cm über dem oberen Auge. Aus diesem entwickelt sich die Fruchtrute. Diese wird, nachdem sie Früchte getragen hat, im Winter über dem unteren Auge, welches ebenfalls eine fruchttragende Rute entwickelt hat, abgeschnitten. Die sich am unteren Auge entwickelte Fruchtrute wird auf einen Zapfen mit zwei Augen zurückgenommen. Dieser Vorgang wiederholt sich in den folgenden Jahren.

Bei weniger fruchtbaren Sorten, für die der beschriebene Zapfenschnitt nicht geeignet ist, wird man den sogenannten Bo-

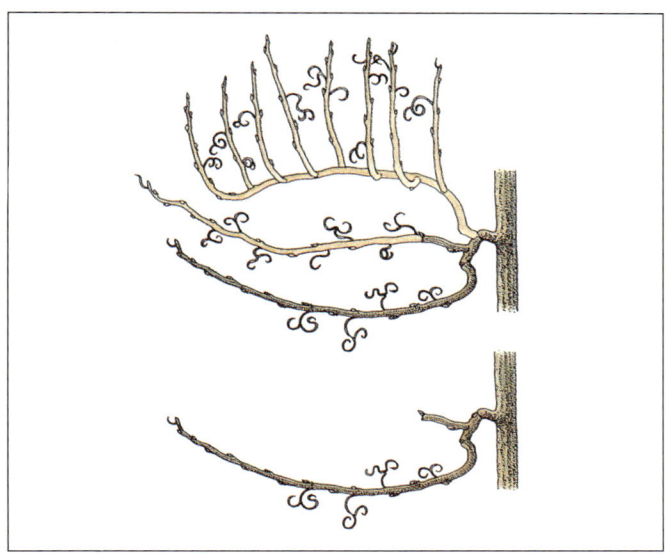

Bogrebenschnitt. Die obere abgetragene Bogrebe wird im Spätwinter entfernt. Von den darunterliegenden Fruchtreben wird eine als neue Bogrebe belassen, die andere auf einen Zapfen mit zwei Augen zurückgeschnitten.

grebschnitt wählen. Dabei wird eine der beiden Fruchtruten wiederum auf einen Zapfen mit zwei Augen zurückgeschnitten und die andere nicht wie beim Zapfenschnitt entfernt, sondern auf sechs bis acht Augen (Bogrebe) zurückgenommen. Aus diesen Augen und den beiden Augen am Zapfen entwickeln sich im Folgejahr dann die Fruchtruten. Im kommenden Winter wird die Bogrebe samt ihren Fruchtruten an der Basis entfernt. Von den Fruchtruten aus dem Zapfen wird eine wiederum auf einen Zapfen mit zwei Augen zurückgenommen, die andere verbleibt als Bogrebe mit sechs bis acht Augen.

Fruchtruten kürzt man auf zwei Blätter über dem obersten Geschein (Blüte) ein. Unbefruchtete Gescheine entfernt man. Lange Triebe (Ersatzruten) werden angebunden und Ende des Sommers auf etwa 1 m eingekürzt. Entstehende Geiztriebe werden im Sommer wegen der besseren Belichtung laufend auf ein Blatt zurückgenommen.

Die Blütenstände der Weinrebe werden „Geschein" genannt.

Man bricht sie nicht aus, um die sich in der Blattachsel befindende Knospe nicht zu verletzen. Kümmerlich wachsende Triebe mit kleinen Blättern werden ebenfalls zugunsten der Belichtung entfernt.

Holunder

Edelsorten von *Sambucus nigra*
Familie: Geißblattgewächse

Wissenswertes

Schon seit 2500 Jahren wird Holunder als Heilpflanze geschätzt, und auch noch heute ist er in fast jedem größeren Garten zu finden. Um uns seine volle substantielle Kraft zu schenken, muß er auf seinem bevorzugt windgeschützten Platz in frischem, nährstoffreichen und vor allem nicht trockenen Boden stehen. Man kann ihn aber, wenn diese Voraussetzungen vorhanden sind, auch durchaus in höheren Lagen pflanzen, allerdings werden die Fruchtruten mit zunehmender Höhe immer kürzer. Stauende Nässe verträgt er nicht, ebenso verringern Trockenperioden den Ernteertrag (siehe auch Seite 130).

Als Pflanzmaterial verwendet man zweijährige Meterstämme mit Kronentrieben. Diese lassen sich auch leicht selbst aus einem Steckholz heranziehen, das mit zwei bis drei Knospen besetzt sein muß. Da Holunderwurzeln für Mäuse eine sehr begehrte Nahrung darstellen, sollte man mit einem Drahtkorb Vorsorge gegen Mäusefraß treffen oder die Pflanzung erst im Frühjahr vornehmen. Die Kultur auf Meterstämmen ist in jedem Fall der einer Buscherziehung vorzuziehen, da in Bodennähe die Krankheitsanfälligkeit größer ist.

Sorten

Die Baumschulen bieten heute gesundes und ertragreiches Pflanzmaterial mit mo-

Holunder ist eine uralte Heilpflanze.

dernen Sorten an. Bei der starkwüchsigen Sorte 'Haschberg' und der etwas schwächeren 'Donau' handelt es sich um österreichische Züchtungen, während die nur mittelstark wachsende Sorte 'Alesøe', die aufrecht stark wachsende 'Hamburg' ('Schwarzer Diamant') und die nur mittelstark, aber aufrecht wachsende 'Kørsør' dänischer Herkunft sind.

Als Neuheit wird auch ein 'Weißer Holunder' angeboten mit weißgrünen Früchten, den man entweder mit schwarzem Holunder gemischt verarbeiten, aber durch seinen hellen, nichtfärbenden Saft auch mit anderen Obstarten mischen kann, ohne deren Grundfarbe zu ändern. Roter Holunder findet nur in der Heilmittelherstellung Verwendung, da seine Samen Gift enthalten und zu Unwohlsein führen.

Schnitt

Beim Pflanzschnitt werden vier bis fünf gleichmäßig um die Stammverlängerung angesetzte Triebe auf zwei Augen zurückgeschnitten. Eventuell weitere vorhandene Triebe entfernt man an der Basis. Beim Aufbauschnitt im ersten Standjahr beläßt man bis zu sieben kräftige, möglichst aufrechtstehende Triebe. An diesen bilden sich im folgenden Jahr die kurzen Fruchtruten, an deren Ende sich die Blüten- bzw. Fruchtdolden bilden. Durch das Gewicht neigen sich die Triebe und erhalten so ihren hängenden Habitus.

Ein jährlicher Winterschnitt ist erforderlich, wobei man die abgetragenen zweijährigen Äste möglichst auf kurze Zapfen zurücknimmt und bis zu 15, bei älteren größeren Bäumen bis zu 20 kräftige, möglichst an der Basis stehende, einjährige Ruten beläßt. Überzählige, schwache Ruten werden ausgeschnitten. Um eine kräftige Neutriebbildung zu erreichen, ist der starke regelmäßige Schnitt beim Holunder notwendig. Man muß dabei allerdings beachten, daß das Kronengerüst, also die Leitäste, nicht an Volumen zunehmen.

Im Sommer kann man die Fruchtbildung durch Auslichten der Krone fördern, wobei man nicht benötigte, starke einjährige Triebe herausnimmt.

Wildobst

Wissenswertes

Nicht zuletzt sind noch einige empfehlenswerte Wildobstarten zu nennen. Zur Verbesserung der ökologischen Verhältnisse ist das Anpflanzen von Wildobstarten an geeigneten Plätzen durchaus zu empfehlen. Derlei Wildfrüchte können zwar nur zum Teil geerntet und verwertet werden und haben heute sicherlich nicht mehr den gleich großen Stellenwert wie für unsere Vorfahren, aber ein großer Teil der Früchte verbleibt für die Vögel und für zahlreiche weitere freilebende Tierarten und bringt uns auch auf diese Weise Nutzen.

Auch in unserer Zeit findet man noch durchaus mancherlei Stellen, an denen eine Anpflanzung von Wildobstarten sinnvoll erscheint. Hierzu zählen besonders schlecht zugängliche Böschungsflächen an verkehrsreichen Straßen, aber auch in manchem Hausgarten findet sich ein Plätzchen für ein Wildobst-Solitärgehölz oder sogar für die Anlage eines kleinen Biotops mit mehreren Arten. Man sollte bedenken, daß viele Wildobstarten durchaus Ziersträucher ersetzen können und so der Nutzen die Schönheit nicht ausschließt.

Durch Schnittmaßnahmen kann die Größe eines Holunderstrauchs dem Standort angepaßt werden.

Hier sieht man, wie sich Vögel die Hagebutten haben schmecken lassen.

Man unterscheidet bei den Wildobstarten zwischen strauch- und baumartigen Arten, deren Platzbedarf durchaus unterschiedlich ist und uns so die Auswahl erleichtert wird.

Schnitt

Bei Wildobstarten ist der Schnitt sicherlich nicht von gleicher Bedeutung wie bei unseren Edelobstarten und -sorten. Sie wachsen in der freien Natur meist ohne korrigierende Schnittmaßnahmen und erfreuen uns auch durch ihren arttypischen Wuchscharakter. Man darf aber nicht vergessen, daß gerade von den wildwachsenden Gehölzen nur die stärksten überleben und bei näherem Hinsehen fallen doch oft kranke oder vergreiste Partien ins Auge. Wenn wir Wildobstarten in unsere nähere Umgebung bringen, sollen sie uns, zwar in ihrer charakteristischen Wuchsform, doch gesund und lange Freude bereiten. Deshalb sind kleine Hilfen mittels Schnittmaßnahmen durchaus ab und zu angebracht. So ist jedes Gehölz für einen Pflanzschnitt dankbar, bei dem dafür gesorgt wird, daß Wurzeln und über dem Boden befindliche Pflanzenteile sich im richtigen Verhältnis zueinander befinden.

Man wird nach der Pflanzung die Triebe etwas einkürzen und vor allem dafür sorgen, daß bei den baumartigen Wildgehölzen keine Konkurrenztriebe stehenbleiben, da diese zu einem späteren Auseinanderbrechen führen können. Besonders bei einjährigen Trieben darf darauf nicht verzichtet werden.

Notwendige Schnittmaßnahmen können wie beim Edelobst sowohl im Sommer wie im Winter erfolgen, wobei man die Regel beachtet, daß man sehr frühblühende Arten wie z.B. die Kornelkirsche besser im Sommer zurückschneidet.

Strauchartige Arten

Gemeine Berberitze
Berberis vulgaris
Familie: Berberisgewächse

Wissenswertes

Auch Sauerdorn genannt, wächst dieses Gehölz auf kalkhaltigen, trockenen Böden, braucht allerdings viel Sonne. Der mit Dornen bewehrte Strauch erlangt eine Höhe von 2–3 m. Im Mai oder Juni erscheinen die gelben, nach Honig duftenden Blüten. Die walzenartigen, roten, 1 cm langen Beeren reifen im Frühherbst und sind von saurem Geschmack. Sie haben einen hohen Vitamin-C-Gehalt und werden gerne Marmeladen oder Gelees beigegeben.

Schnitt

Bei Berberitzen entfernt man während der Vegetationsruhe altes Holz wie bei Wildrosen direkt über dem Boden. Sie treiben

Berberitze wird auch Sauerdorn genannt.

Wacholderbeeren sind als Gewürz bekannt.

dann willig nach und verjüngen sich so laufend. Zu starke Triebe können im Sommer zurückgenommen werden.

Gemeiner Wacholder
Juniperus communis
Familie: Zypressengewächse

Wissenswertes

Ein immergrüner, bei uns heimischer Strauch, der zahlreichen Vogelarten Nahrung und Unterschlupf bietet und auch für Schmetterlinge von Bedeutung ist. Er benötigt nährstoffarme, sandige Böden und erreicht eine Höhe von bis zu 5 m. Die schwarzbraunen, blau bereiften, erbsengroßen Beeren werden gesammelt und als Gewürz, aber auch als Tee im Haushalt verwendet.

Schnitt

Wacholder erfährt keinen Pflanzenschnitt. Bilden sich am Hauptstamm im Laufe der Jahre starke Nebentriebe, so sollte man diese noch in ihrem Jugendstadium direkt am Stamm entfernen. Geschieht dies nicht, besteht die Gefahr, daß der Strauch bei Belastung z.B. durch Schnee auseinanderbricht. Schiebt man den Eingriff zu lange auf, so entsteht eine häßliche Lücke. Andere Schnittmaßnahmen sind nicht nötig.

Echte Mispel
Mespilus germanica
Familie: Rosengewächse

Wissenswertes

Mittelstark wachsende, breit ausladende, bis 3 m hoch werdende Sträucher. Die schönen, reinweißen Blüten erscheinen im Mai oder Juni. Die 3–4 cm dicken, gelbbraunen Früchte sind nach Frosteinwirkung eßbar und schmecken marmeladenartig süß. Bekannt ist auch die Herstellung von Obstwein aus der Mispel. Da die Mispel wärmeliebend ist und einen trockenen, nährstoffhaltigen Boden benötigt, sollte sie nicht an

Die Mispel gehört zu den Rosengewächsen.

forderlich. Auch bei einem Strauch wird man mit einem leichten Formierungsschnitt für einen lockeren Aufbau sorgen. Ältere Gehölze müssen regelmäßig im Nachwinter ausgelichtet werden.

Kornelkirsche

Cornus mas
Familie: Hartriegelgewächse

zu extreme Standorte gepflanzt werden. In Baumschulen werden Mispeln auch als Bäume angeboten, die dann eine Höhe von 3–6 m erreichen.

Schnitt

Bei Bäumen ist ein strenger Erziehungsschnitt mit dem Aufbau von Leitästen er-

Wissenswertes

Zunächst langsam wachsend, erreicht sie in ausgewachsenem Zustand eine Höhe von 5–6 m. Die goldgelben, kleinen, zahlreichen Blüten erscheinen sehr früh. Der manchmal auch baumartig wachsende Strauch bildet 2–3 cm lange und 1 cm dicke Früchte mit einem hohen Vitamin-C-Gehalt, die von Juli bis Oktober geerntet werden können und Verwendung finden für Kompott, Saft, Likör, Wein usw.

Schnitt

Die Kornelkirsche verträgt einen starken Rückschnitt sehr gut. Allerdings ist ein Erziehungs- oder Auslichtungsschnitt aufgrund ihres natürlichen Wuchses kaum erforderlich.

Wildhasel

Corylus avellana
Familie: Birkengewächse

Wissenswertes

Robustes Gehölz, in ausgewachsenem Zustand 6–8 m hoch, vielseitig verwendbar, liebt mittelschweren, etwas feuchten Boden. Früchte bleiben kleiner als bei den

Die Kornelkirsche erfreut uns mit Blüten- und Fruchtschmuck.

Ein Wildhaselstrauch trägt etwas kleinere Nüsse.

Zuchtsorten. Nach einem Rückschnitt treibt die Haselnuß problemlos wieder aus.

Schnitt

Der Schnitt entspricht dem von Edelsorten (siehe S. 100).

Sanddorn

Hippophaë rhamnoides
Familie: Ölweidengewächse

Wissenswertes

Bei uns normalerweise nicht heimisch, gedeiht er sogar noch auf Steilböschungen. Er liebt sandige, nährstoffarme und kalkreiche Böden, wächst aber auch an anderen, sonnenwarmen Plätzen. Der zweihäusige Strauch ist dicht bedornt, hat silbriggraues Laub und wird bis 3,5 m hoch. Seine leuchtend orangeroten, im Herbst reifenden Früchte sind für ihren Vitaminreichtum, vor allem für ihren hohen Vitamin-C-Gehalt, bekannt und werden aus diesem Grunde gerne zur Saft- und Marmeladenherstellung genutzt.

Schnitt

Am besten läßt man Sanddorn ungeschnitten wachsen. Nur so entwickelt er seinen ihm typischen Wuchscharakter. Er regeneriert sich selbst durch Ausläufer.

Sanddorn ist sehr stachelig, zum Glück ist Schnitt hier nicht notwendig.

die Bildung von jungem Holz zu fördern, ist es ratsam, im Abstand von einigen Jahren die abgeblühten Triebe nach der Blüte auf etwa fünf Augen zurückzunehmen. Läßt das Wachstum nach, so sollte im August ein Auslichtungsschnitt vorgenommen werden.

Diese Kirschpflaume trägt schwer an ihren Früchten.

Kirschpflaume
Prunus cerasifera
Familie: Rosengewächse

Wissenswertes

Kräftig wachsende Sträucher, die 5–7 m hoch und ebenso breit werden. Sehr frühblühend und mit langen Dornen bewehrt, bringen sie pflaumenartige, 2–2,5 cm dicke gelblichrötliche Früchte ohne besonderen Geschmack hervor.

Schnitt

Ein kräftiger Pflanzschnitt fördert das Wachstum. Um

Zibarte
Prunus domestica
Familie: Rosengewächse

Wissenswertes

Zibarten sind Sträucher, die auch einen baumartigen Wuchs aufweisen können. Die sehr kleinen, grüngelben oder bläulichen Steinfrüchte werden gerne zu aromatischem Schnaps oder Likör verarbeitet. Es handelt sich um eine sehr alte, schon seit Urzeiten bei uns heimische Pflaumenart, die auch in rauhen Höhenlagen noch gut gedeiht (bis 1200 m NN) wie z.B. im Schwarzwald.

Sehr pflaumenähnlich ist die Zibarte.

Schnitt

Außer einem Pflanzschnitt nimmt man nur von Zeit zu Zeit, wenn das Gehölz zu dicht geworden ist, während der Vegetationszeit einen Auslichtungsschnitt vor.

Steinweichsel
Prunus mahaleb
Familie: Rosengewächse

Wissenswertes

Starkwachsende, 4–5 m hoch werdende breite Büsche mit einer frühen, schäumend weißen Blüte. Die kleinen schwärzlichen Kirschen sind eßbar und zu Saft, Kompott usw. zu verarbeiten.

Schnitt

Nach einem starken Rückschnitt bei der Pflanzung erfolgt ein notwendiger Auslichtungs- oder Verjüngungsschnitt möglichst während der Vegetationszeit, vorzugsweise im August. Wird im Winter geschnitten, so darf der Schnitt nicht zu spät erfolgen, da das Gehölz schon sehr früh im Saft steht.

Schlehe
Prunus spinosa
Familie: Rosengewächse

Wissenswertes

Auch unter der Bezeichnung Schwarzdorn bekannt, gehört die Schlehe zu den wichtigsten Vogelschutzgehölzen. Sie bildet dichte, dornige Hecken mit einer Höhe bis zu 3,00 m. Sie bevorzugt kalkreichen, mageren Boden an einem trockenen Standort. Während der Blütezeit im April ist der Strauch mit weißen Blüten übersät und bietet einen prachtvollen Anblick. Die getrockneten Blüten kann man zur Teezubereitung verwenden. Die blauen Früchte können erst nach einigen Frosttagen geerntet werden, man gibt sie zur Säureaufwertung dem Most bei oder verarbeitet sie zu Likör, Wein oder Schnaps.

Schnitt

Bei der Pflanzung werden die einjährigen Triebe sehr stark, etwa um die Hälfte, zurückgeschnitten. Durch den sehr dichten Wuchs und die starke Bedornung der Schlehe kann man einzelne Äste und Triebe nicht herausnehmen. Man kann jedoch das Gehölz insgesamt stark zurücknehmen und sollte dies auch von Zeit zu Zeit tun. Der Strauch treibt dann wieder willig aus.

Eine reichtragende Schlehenhecke.

*Die Kartoffelrose mit wunderschönen Ha-
gebutten, aus denen man Tee oder Marmelade machen kann.*

Wildrosen
Rosa in Arten
Familie: Rosengewächse

Wissenswertes

Wegen der Bewehrung mit
Stacheln gutes Vogelschutz-
gehölz. Es gibt mehrere Sorten, die wichtigsten sind
Hundsrose *(Rosa canina)*,
Heckenrose *(Rosa multi-
flora)*, Schottische Zaunrose
(Rosa rubiginosa), Apfelrose
(Rosa rugosa), Sandrose *(Rosa carolina)* etc. Allen ge-
meinsam sind die zierenden
Eigenschaften ihrer Blüten
und Früchte. Die Früchte finden Verwendung als Tee, sie
können aber auch zu Mar-
melade verarbeitet werden
und sind bekannt für ihren
hohen Vitamin-C-Gehalt.

Schnitt

Bei Wildrosen wird altes Holz bis zum Boden entfernt. Dadurch erfolgt ein ständiger
Neutrieb, der den Strauch laufend verjüngt.
Man verhindert so das Verwildern und kann
sich oft jahrzehntelang an einer solchen Ro-
se erfreuen. Der Eingriff sollte aber konti-
nuierlich jedes Jahr geschehen, denn entfernt man zu viele Triebe auf einmal, so erfolgt ein verstärkter Austrieb und der
Strauch wird zu dicht, und ist dann in den
Folgejahren nur sehr schwer zu pflegen.

Schwarzer Holunder
Sambucus nigra
Familie: Geißblattgewächse

Wissenswertes

Bildet kräftig wachsende, bis 6 m hohe, oft
auch baumartige Sträucher. Bei uns seit Urzeiten heimisch und wegen seiner zahlreichen Verwendungsmöglichkeiten in Küche
und als Hausmittel gegen mancherlei Beschwerden auch heute noch bekannt und
sehr geschätzt. Holunder ist sehr frosthart
und gedeiht auch in rauhen Lagen noch

*Ein Holunderstrauch ist ein anspruchsloses Gehölz für stille
Gartenecken.*

sehr gut, liebt aber fruchtbaren, feuchten Boden. Blüten und Früchte sind vielseitig zu verwerten wie z. B. zu Tees gegen allerlei Beschwerden, Blütendolden in Backteig gebacken werden zu wohlschmeckenden „Küchle", die Früchte liefern Saft, Marmelade usw.

Schnitt

Der Schnitt entspricht dem der Edelsorten (siehe S. 122)

Baumartige Arten

Holzapfel
Malus silvestris
Familie: Rosengewächse

Wissenswertes
Wächst baum- oder strauchartig bis 7 m hoch, die rosa Blüten erscheinen zahlreich.

Der anfangs starkwachsende Baum ist bedornt und liefert uns im Herbst 2–3 cm dicke, gelbgrüne, rotbackige Früchte, die heute kaum noch einer Verwertung zugeführt werden.

Schnitt

Nach einem Pflanzschnitt und leichtem Erziehungsschnitt beschränken sich die weiteren Maßnahmen auf ein gelegentliches Auslichten Ende Februar bis Anfang März.

Vogelkirsche
Prunus avium
Familie: Rosengewächse

Wissenswertes
Starkwüchsige Bäume, die überreich weiß blühen und 10–12 m hoch werden. Sie sind nicht für kalte Lagen und schwere Böden geeignet, da sonst vermehrt Gummifluß auftritt. Die kleinen, kirschenartigen Früch-

Äpfel im Kleinformat: Der Wildapfel ist die Ursprungsform des Kulturapfels.

Die Früchte der Vogelkirsche sind sehr klein, aber aromatisch.

te sind eßbar und finden bei der Brandweinherstellung Verwendung.

Schnitt

Bei der Pflanzung erfolgt ein starker Rückschnitt, wobei man die Mitte und drei bis vier Leitäste aufbaut. Ein weiterer Schnitt ist nicht nötig; man kann sie allerdings bei Bedarf unbesorgt zurückschneiden, wenn der Baum zu groß wird. Dies sollte aber so geschehen, daß der arttypische Wuchscharakter nicht zerstört wird. Schnittmaßnahmen nimmt man wenn möglich im Sommer vor; wird im Winter geschnitten, so muß dies schon im Dezember geschehen.

Wildbirne
Pyrus pyraster
Familie: Rosengewächse

Wissenswertes

Starkwachsend, bis 15 m hoch werdend, in der Jugend stärker bedornt, ist die Wildbir-

Wildbirnen

ne ein genügsames, fast auf allen Standorten wachsendes Gehölz. Die weißen, schwach duftenden Blüten erscheinen im April bis Mai. Die kleinen, harten, birnenförmigen grünlichgelben Früchte kann man zu Fruchtwein verarbeiten.

Schnitt

Beim Pflanzschnitt wird wie bei den Edelsorten auf die Mitte und drei bis vier Leitäste zurückgeschnitten. Es folgt in den nächsten drei bis vier Jahren ein leichter Erziehungsschnitt. Bilden sich lange Triebe, so werden sie im Sommer entspitzt. Später genügt von Zeit zu Zeit ein Auslichten zu dichter Kronen, bei dem auch dürres Holz ausgeschnitten wird.

Mährische Eberesche
Sorbus aucuparia 'Edulis'
Familie: Rosengewächse

Wissenswertes

Die starkwüchsigen, steil aufrecht wachsenden Bäume sind robust und gedeihen auch in rauhen Klimazonen. Die weißen, auch von Bienen sehr geschätzten Blüten und Fruchtstände erscheinen an ca. 15 cm breiten Doldentrauben. Die schönen, leuchtend orange- bis dunkelroten Früchte sind eßbar und weisen einen hohen Vitamin-C-Gehalt auf. Sie werden zur Saft- und Marmeladenherstellung verwendet.

Schnitt

Obwohl die Mährische Eberesche stärker wächst als ihre Schwester, die gewöhnliche Eberesche, ist ein Rückschnitt nicht erforderlich. Die Kronen sind von Natur aus locker aufgebaut und müssen auch nicht ausgelichtet werden. Nur kranke und dürre Äste werden entfernt.

Besonders Vögel lieben die Eberesche, die deshalb auch Vo-gelbeere genannt wird.

Speierling
Sorbus domestica
Familie: Rosengewächse

Wissenswertes

Starkwachsende, bis 15 m hoch werdende Eber-eschenart. Am besten ge-deiht der Speierling in mil-dem Klima, die hellgelben Blüten erscheinen in Dol-den Ende Mai. Die kirsch-großen, gelbbraunen, son-nenseits orangenen Früch-te haben einen hohen Gerbsäuregehalt und wer-den der Mostverarbeitung beigegeben (Säureliefe-rant).

Schnitt

Speierlinge sollten nicht geschnitten werden, da sie von sich aus eine sehr schöne Krone bilden. Schnittmaßnahmen werden vom Baum auch nicht gut vertra-gen.

Die Aufzählung von Wildobstarten könnte noch fortgesetzt werden. Sie haben nicht nur eine ökologische Be-deutung für eine Vielzahl von Insekten-arten, Schmetterlingen, Vögeln und Kleintieren, sondern können uns mit ihren Inhaltsstoffen auch in der Küche und als Hausmittel bei verschiedenen Beschwerden in unterschiedlicher Form wertvolle Dienste leisten. Nicht zu unter-schätzen ist auch ihre Widerstandsfähig-keit gegen Krankheiten und Schädlinge, da es sich fast ausschließlich um ein-heimische, schon lange bei uns vor-kommende und dementsprechend un-serer Klimazone angepaßte Gehölze handelt.

Der Speierling, eine Rarität in unserer Land-schaft, dessen Saft den Apfelwein verbes-sert.

Jahres-Arbeitskalender

Von Januar bis Dezember

Um den Arbeitsanfall während eines 'Obstjahres' etwas transparenter zu machen und die nötigen Arbeiten in der optimalen Reihenfolge zu erledigen, geben wir Ihnen einen kurzgefaßten Arbeitskalender zur Hand. Selbstverständlich können Verschiebungen, wie sie sich z.B. von der Witterung her ergeben, auftreten. Schädlinge und Krankheiten halten sich an das vorherrschende Wetter und nicht an das Kalenderdatum. Im großen und ganzen wird jedoch der Arbeitsablauf wie folgt zu planen sein:

Januar

Winterschnitt Im Januar kann bei älteren Bäumen und Hochstämmen der Winterschnitt durchgeführt werden. Über 2-Mark-Stück große Schnittflächen sollten ebenso wie sonstige Wunden behandelt und mit einem Wundverschlußmittel bestrichen werden.

Veredlung Edelreiser werden jetzt – selbstverständlich nur von gesunden Bäumen mit guten Erträgen – geschnitten, wobei man auf eine ausreichende Garnierung mit Knospen achtet. Triebe mit zu großen Knospenabständen sind für die Edelreisergewinnung ungeeignet. Man sorgt für eine ausreichende Beschriftung, steckt sie in mit Sand gefüllte Kistchen und bewahrt sie im kühlen und dunklen Keller frostfrei auf, keinesfalls in der Nähe von Obst.

Schnittgeräte Schlechtes Wetter nutzen wir zur Ausbesserung und Pflege von Geräten. Die langen Abende bieten sich an, um Zeitschriften und Bücher zu studieren und sich über den neuesten Stand zu informieren.

Obstlager Nicht vergessen darf man natürlich auch den Obstkeller. Je nach Außentemperaturen sorgen wir für Frischluft und kontrollieren das eingelagerte Obst. Diese Fürsorge lassen wir auch in der folgenden Zeit walten, bis wir unser eingelagertes Obst verzehrt haben.

Februar

Winterschnitt
An älteren Bäumen und Hochstämmen werden wir den Winterschnitt zu Ende bringen. Jungbäume sollten erst geschnitten werden, wenn keine starken Fröste mehr erwartet werden.

Düngung
Bei Bedarf kann jetzt die Düngung erfolgen. Die Höhe der Düngergaben sollten sich nach dem Ergebnis der Bodenprobe richten. Um Geld für überflüssige Düngergaben zu sparen und um die Umwelt nicht unnötig zu belasten, sollte etwa alle drei Jahre eine Bodenuntersuchung vorgenommen werden.

Stammbehandlung
Tagsüber kann jetzt schon die Sonne kräftig scheinen und die Baumstämme erwärmen, während nachts, besonders bei klarem Wetter, nach Sonnenschein noch starke Fröste auftreten können. Dieser Temperaturwechsel kann zum Aufreißen der Stämme führen. Um dies zu verhindern, bestreicht man die Bäume mit einem Kalkbrei, den man zur besseren Haftung mit Tapetenkleister anrührt. Durch die weiße Farbe wird einerseits eine zu starke Erwärmung durch Sonneneinstrahlung vermieden, andererseits bekämpft man damit Flechten und Moose, die sich am Stamm ansiedeln.

Veredlung
Für die Umpfropfung vorgesehene Kernobstbäume werden jetzt auf das gewünschte Maß abgeworfen, bei Steinobstbäumen wird diese Maßnahme erst unmittelbar vor dem Pfropfen vorgenommen.

Beerenobst
Auch bei Kiwis wird jetzt der Schnitt durchgeführt und die Triebe werden anschließend in gewünschter Form an das Spalier geheftet. Bei frostfreiem Wetter kann Ende des Monats mit dem Schnitt von Weinreben begonnen werden.

März

**Winterschnitt/
Pflanzschnitt**
Im Laufe dieses Monats sollte der Winterschnitt beendet sein. Den Abschluß der Winterschnittarbeiten bilden das Schneiden der empfindlichen Pfirsich- und Aprikosenbäume sowie der Pflanzschnitt an den im Herbst oder Frühjahr gepflanzten Jungbäumen. Der Pflanzschnitt sollte unbedingt vor dem Austrieb durchgeführt werden.

Beerenobst   Bei Brombeeren werden jetzt die alten Ruten entfernt und die verbliebenen am Gerüst festgebunden. Bei Himbeeren entfernt man die letztjährigen abgetragenen Ruten, wenn nicht schon nach der Ernte im August geschehen, indem man sie direkt am Boden abschneidet. Ebenso verfährt man mit überflüssigen Jungruten. Die verbleibenden Triebe heftet man wieder an das Gerüst.
Auch bei Johannisbeeren werden jetzt überflüssige Triebe dicht über dem Boden abgeschnitten. Um dem Amerikanischen Stachelbeermehltau vorzubeugen, sind Stachelbeeren jetzt ausreichend auszulichten, denn zu enge Sträucher oder Kronen werden stärker von dieser Krankheit befallen. Das Einkürzen aller Triebe um drei bis vier Knospen beugt dem Mehltaubefall vor.

Pflanzung   Die Zeit ist jetzt sehr gut für die Pflanzung junger Bäume geeignet. Die noch vorhandene Winterfeuchtigkeit kommt den Bäumen zugute und beschleunigt das Anwachsen.

Pflanzenschutz   Unseren Nützlingen helfen wir, indem wir jetzt für Ohrwürmer mit Holzwolle ausgefüllte kleine Blumentöpfe mit der Öffnung nach unten in die Bäume hängen. Nistkästen sollten auch schon jetzt an ihren vorgesehenen Platz aufgehängt werden. Bereits hängende und im vergangenen Jahr bewohnte Nistkästen müssen gesäubert werden. Um die Gefahr einer Schorfinfektion zu vermindern, sollten alle noch liegengebliebenen und von den Regenwürmern noch nicht zersetzten im Herbst abgefallenen Blätter entfernt werden, da in diesen die Schorfsporen überwintern.

April

Pflanzschnitt   Die Neupflanzung sowie der Pflanzschnitt müssen jetzt abgeschlossen sein. Bei starker Trockenheit sollte man die frisch gepflanzten Bäume mit Wasser versorgen, um ein rasches Anwachsen zu fördern.

Veredlung   Ab Mitte des Monats kann mit dem Umpfropfen begonnen werden. Für den Kleingartenbesitzer kann diese Maßnahme besonders sinnvoll sein, wenn er an einem Baum einzelne Äste mit verschiedenen Sorten veredeln will. Da bei Kirschen der Saftanstieg bekannterweise sehr früh einsetzt, sollte man diese Obstart frühestens ab Mitte April veredeln.

Frostschutz	Der Verlauf der Baumblüte, die jetzt beginnt, und der Bienenflug gibt uns die ersten Hinweise auf die zu erwartende Ernte. Wir legen uns für eventuelle Frostnächte Abdeckmaterial bereit, mit dem wir kleinere Bäume oder Spalierbäume etwas schützen können.
Pflanzenschutz	Zu achten ist jetzt auf einen Befall von Blattläusen und Blattsaugern sowie auf Schorf, Mehltau, Monilia, Kräuselkrankheit und Schrotschußkrankheit. Bereits befallene Triebe müssen abgeschnitten und verbrannt werden.

Mai

Frostschutz	Da auch im Mai noch immer Fröste auftreten können, beobachten wir nach wie vor das Wetter während der Blüte und lassen das Abdeckmaterial in greifbarer Nähe. Um die Frostgefährdung nicht noch zusätzlich zu erhöhen, sollte man das Gras kurz halten.
Pflanzenschutz	Wir beobachten den Austrieb und achten auf Schädlingsbefall und Krankheiten, um gegebenenfalls mit geeigneten Maßnahmen reagieren zu können. Unser Augenmerk gilt besonders dem Befall von Schorf, Mehltau und Monilia sowie Blattläusen, Frostspannern, Himbeerkäfern und Roter Spinne. Gegen Ende des Monats können die Kirschfruchtfliegenfallen aufgehängt werden. Bei Krankheiten wie Mehltau und Monilia sollte ein mechanisches Entfernen der kranken Triebe im Vordergrund stehen.
Veredlung	Bis Mitte Mai besteht noch die Möglichkeit, Bäume umzupfropfen.

Juni

Binden, Sperren	Die noch nicht verholzten Ruten und Triebe können jetzt sehr leicht am Astansatz in die gewünschte Stellung gebracht werden, indem man sie bindet, spreizt oder mit kleinen Gewichten in die richtige Position bringt.
Sommerschnitt	Konkurrenztriebe werden entspitzt oder ganz entfernt, Wassertriebe bei älteren Bäumen werden ausgebrochen.

Fruchtausdünnung	Ist nach dem sogenannten Junifall, bei dem die Bäume zahlreiche Früchte abstoßen, noch ein zu starker Behang vorhanden, so muß mit der Hand ausgedünnt werden, damit die Früchte ihre sortentypische Größe und Qualität erreichen können. Man beläßt pro Blütenbüschel bei Kernobst zwei, bei sehr gutem Fruchtansatz eine Frucht, wobei man selbstverständlich die kleinsten oder bereits mit einem erkennbaren Schaden behafteten Früchte entfernt.
Mulchen	Um dem hohen Wasserbedarf der Obstgehölze während der Wachstumszeit gerecht zu werden, empfiehlt es sich, die Baumscheiben mit Mulchmasse (Rindenmulch etc.) zu bedecken, damit die Feuchtigkeit länger im Boden erhalten bleibt.
Beerenobst	Bei Brombeeren müssen die Geiztriebe auf zwei bis drei Blätter gekürzt werden, um einen optimalen Wuchs und keinen Rankenwirrwarr zu erreichen. Kiwis, die Mitte des Monats blühen, sind für eine Düngergabe dankbar. Bei der Weinrebe müssen nicht benötigte Geiztriebe aus dem alten Holz laufend entfernt werden.
Pflanzenschutz	Bringt man an Kirschbäumen oder Beerensträuchern Vogelschutznetze an, so ist dabei zu beachten, daß sich keine Vögel oder Kleintiere darin verfangen können. Die Netze müssen täglich kontrolliert werden.

Juli

Sommerschnitt	Konkurrenztriebe und Wasserschosse werden entfernt. Man reißt diese noch krautigen Triebe aus und erreicht so, daß sich keine unerwünschten Nebentriebe bilden. Nach Bedarf werden Triebe gebunden, um, besonders bei Jungbäumen, die gewünschte Wuchsform zu erziehen.
Fruchtausdünnung	Wo noch zu viele Früchte hängen, wird weiter handausgedünnt. Vorrangig entfernt man dabei verletzte oder verkrüppelte Früchte, denn eine geringere Behangdichte fördert die Fruchtausfärbung und nimmt positiven Einfluß auf die Fruchtgröße. Durch diese Maßnahme wird auch die Blütenbildung für das folgende Jahr gefördert. Schwächere Äste mit einem starken Fruchtbehang erhalten eine Stütze, um ein Abbrechen derselben zu verhindern.

Beerenobst   Bei Brombeeren werden die Jungtriebe am Gerüst fest-gebunden. Himbeeren müssen vor allem während der Reifezeit ausreichend mit Wasser versorgt werden. Abgeerntete Ruten werden nach der Ernte dicht am Boden abgeschnitten, damit sich die für die Ernte des nächsten Jahres vorgesehenen Jungtriebe optimal entwickeln können. Bei Johannisbeeren und Stachelbeeren kann man nach der Ernte abgetragene, überflüssige Ruten ausschneiden. Kiwis können jetzt nach dem fünften Blatt über der Frucht entspitzt werden. Triebe der Weinrebe werden angeheftet, wobei man sie nach drei Blättern oberhalb des letzten Gescheins (Blüte) entspitzt, blütenlose behalten etwa sieben Blätter.

Ernte   Vor der Kirschenernte müssen die Leitern auf ihre Standfestigkeit und Sicherheit (Sprossen einzeln durchsehen!) überprüft werden.

August

Sommerschnitt   Bevor die jungen Triebe ihre Entwicklung abgeschlossen haben, verholzen und dadurch nicht mehr biegsam sind, beendet man die Binde- bzw. Formierungsarbeit. Ende August kann man mit dem Sommerschnitt die Belichtung innerhalb der Bäume verbessern, so daß sich die Früchte besser entwickeln können. Dabei werden auch zu klein gebliebene oder beschädigte Früchte entfernt. Abgeerntete Aprikosen-, Pfirsich- und Kirschenbäume können geschnitten werden, ebenso kann man Korrekturen an Walnußbäumen vornehmen. Bei allen Obstarten werden dürre Äste und Zweige bis zum gesunden Holz zurückgeschnitten, und das Reisig wird aus der Anlage entfernt.

Ernte   Die ersten Äpfel und Birnen können wir in diesem Monat ernten. Man überpflückt, wie auch bei anderen Obstarten, mehrmals.

Beerenobst   Brombeeren, Weinreben und Kiwis werden laufend gebunden, zu lange Triebe entspitzt bzw. etwas zurückgenommen. Bei Himbeeren wird der Boden mit Gras oder einer anderen organischen Masse abgedeckt. Bei Johannis- und Stachelbeeren kann nach der Ernte ein Auslichtungsschnitt vorgenommen werden.

September

Ernte In diesem Monat beginnt die Haupterntezeit. Man bereitet die Lagerräume vor, kontrolliert Leitern und Pflückgefäße. Besonderes Augenmerk gilt dem richtigen Erntezeitpunkt. Man pflückt öfter durch, damit die Früchte nicht zu früh, aber auch nicht zu spät geerntet werden.

Pflanzenschutz Muß man Früchte gegen Vogelfraß schützen, so spannt man Netze über Sträucher oder kleinere Bäume. Diese müssen täglich kontrolliert werden, und es ist darauf zu achten, daß sich keine Vögel oder andere Kleintiere darin verfangen können.
Um die Raupen des Frostspanners unschädlich zu machen, legt man Leimringe an Stämmen und Pfählen an.

Düngung Um die Düngung gezielt nach Bedarf einsetzen zu können, ist die genaue Kenntnis der Nährstoffwerte im Boden vonnöten. Bodenproben werden jetzt gezogen und an ein Labor eingeschickt, wo sie auf pH-Wert, Phosphor, Kalium und Magnesium untersucht werden.
Anschriften erfährt man bei den amtlichen Obstbauberatungsstellen (siehe Anhang).

Oktober

Ernte Die Ernte erreicht ihren Höhepunkt. Meist werden jetzt die Lagersorten geerntet. Man muß darauf achten, daß dies zum richtigen Zeitpunkt und sehr sorgfältig geschieht, da sonst die Lagerfähigkeit erheblich beeinträchtigt wird. Keller sind in den Nachtstunden gut zu lüften, um ein kühlfeuchtes Raumklima zu fördern.

Mulchen Unter Bäumen sollte keinesfalls umgegraben werden, um nicht die Faserwurzeln zu schädigen. Es genügt eine Lockerung der oberen Erdkruste und ein leichtes Abdecken mit Mulchmasse, die jedoch nicht zu dicht und hoch am Stamm liegen sollte, um den Mäusen keinen Unterschlupf zu bieten.

Pflanzenschutz Sind noch keine Leimringe gegen Frostspanner angebracht, sollte man dies jetzt nachholen, ebenso werden Fanggürtel gegen die Raupe der Obstmade angebracht.

Pflanzung | Da Johannisbeeren und Stachelbeeren bereits zeitig im Frühjahr austreiben, kann eine Pflanzung neuer Sträucher jetzt schon vorgenommen werden. Gepflanzt werden können auch schon andere Obstarten mit Ausnahme von Pfirsichen und Aprikosen, die man vorteilhafter erst im Frühjahr pflanzt. Man achtet darauf, daß aus der Baumschule nur gutes und gesundes Pflanzmaterial gekauft wird.

November

Pflanzung | Bevor Bodenfrost eintritt, können Sträucher und Bäume jeder Obstart gepflanzt werden. Um die Wurzeln vor Mäusen zu schützen, empfiehlt sich das Pflanzen in Drahtkörbe, die leicht selbst angefertigt werden können.

Winterschnitt | Bei älteren Apfel- und Birnenbäumen, Mirabellen, Renekloden und Zwetschen kann mit dem Winterschnitt begonnen werden. Von Krebs befallene Stellen werden ausgeschnitten und größere Wunden mit Baumwachs behandelt. Auch Johannis- und Stachelbeeren können jetzt, falls noch nicht geschehen, geschnitten werden.

Obstlager | Durch Öffnen der Kellerfenster während der kühleren Nachtzeit versucht man, die Temperatur der Obstlagerräume auf möglichst 4–5 °C zu senken und die Luftfeuchtigkeit zu erhöhen.

Schnittgeräte | Geräte und nicht mehr benötigtes Werkzeug werden gereinigt und winterfest gemacht.

Dezember

Winterschnitt | Der Winterschnitt wird fortgeführt, wobei man mit älteren Bäumen beginnt und die jüngeren erst Ende Februar bis März schneidet. Auch Edelreiser können jetzt schon geschnitten werden. Man bewahrt sie am besten in Sandkästchen an einem kühlen und dunklen Ort auf. Nicht die Beschriftung vergessen!

Pflanzenschutz | Die Leimringe und Fanggürtel werden jetzt abgenommen und mit den Schädlingen vernichtet.

Glossar

Abgetragenes Fruchtholz:
Durch häufigen Fruchtbehang so tief abgesenkte Fruchtäste, daß an deren Fruchtholz eine ausreichende Ernährung der Früchte nicht mehr gewährleistet ist.

Ableiten:
Zu lange Triebe werden eingekürzt, wobei man auf seitliches oder nach unten wachsendes Fruchtholz schneidet.

Adventivknospen:
Knospen, die bei sehr starkem Rückschnitt aus dem Kambium gebildet werden können. Bei Himbeeren Knospen am Wurzelstock, aus denen die Ruten wachsen.

Alternanz:
Jährlicher Wechsel in der Fruchtbarkeit eines Baumes; einem Ertragsjahr folgt ein Jahr ohne Ertrag.

Assimilation:
Umwandlung von Kohlendioxid und Wasser durch Sonnenlicht zu energiereichem Zucker und Sauerstoff in den Blättern.

Ast:
Mehrjähriger verholzter und verzweigter Sproß eines Baumes.

Astring:
Die Ansatzstelle eines Astes am Stamm bzw. einem anderen Ast bzw. am letztjährigen Holz, an der meist mehrere schlafende Knospen liegen.

Astwinkel:
Winkel, in dem ein Ast am Mitteltrieb eines Baumes angesetzt ist.

Aufleiten:
Einkürzen eines abgesenkten Astes, wobei auf einen nach oben wachsenden Seitenast geschnitten wird.

Auge:
In den Blattachseln liegendes, meist mit Schuppen geschütztes Zellteilungsgewebe, aus welchem sich Blüten, Blätter oder Triebe bilden. Wird im Entstehungsjahr Auge, später Knospe genannt.

Austrieb:
Beginn des Wachstums nach der Vegetationsruhe mit dem Öffnen der Knospen.

Basis:
Ausgangspunkt eines Triebes am Stamm oder an einem Ast.

Baumform:
Bezeichnung der Gestalt eines Baumes in Abhängigkeit von der Stammhöhe.

Baumgerüst:
Alle oberirdischen verholzten tragenden Teile eines Baumes.

Baumkrone:
Alle Teile des Baumes oberhalb des Stammes.

Behangdichte:
Von der Größe des Baumes unabhängiges Maß für den Fruchtbesatz.

Beiknospe:
siehe Nebenknospe

Biotop:
Lebensraum, der durch bestimmte Tier- und Pflanzengesellschaften gekennzeichnet ist.

Blattknospe:
Knospe, aus der sich ein Trieb ohne Blüten entwickelt.

Blattmasse:
Gesamtmenge der an einem Baum assimilierenden Blätter.

Blattrosette:
Blätterkranz, in dessen Mitte sich meist eine Blütenknospe entwickelt.

Blenden:
Ausbrechen einer oder zweier Knospen direkt hinter der Knospe an der Schnittstelle, um die Bildung eines Konkurrenztriebes zu verhindern.

Bluten:
Starker Saftaustritt an Schnittwunden oder Verletzungen.

Blütenknospe:
Knospe, aus der sich Blüten entwickeln.

Bukettrieb:
Ein Blütenknospenkranz, meist bei Süßkirschen, in dessen Mitte sich eine Blattknospe entwickelt.

Chlorose:
Vergilben der Blätter durch mangelnde Chlorophyllbildung wegen Eisenmangels.

Diploide Sorten:
Sorten mit zweifachem Chromosomensatz, die bei selbstunfruchtbaren Sorten als Befruchter geeignet sind.

Durchtrieb:
Triebe schließen aufgrund zu starker Wüchsigkeit nicht ab, sondern wachsen weiter.

Edelreiser:
Einjährige, für die verschiedenen Veredlungsarten geschnittene Triebe.

Edelsorte:
Die für eine Veredlung ausgewählte Sorte.

Einjährige Veredlung:
Veredelter Jungbaum nach der ersten Vegetationsperiode.

Endknospe:
siehe Terminalknospe

Falsche Fruchttriebe:
Kurztriebe meist bei Pfirsichen und Nektarinen, die seitlich nur Blütenknospen ausbilden und deshalb schnell verkahlen. Ihr Neuzuwachs erfolgt nur über die Terminalknospe.

Fruchtholz:
Alle Triebe, Zweige und Äste, die Blütenknospen tragen.

Fruchtknospe:
siehe Blütenknospe

Fruchtrute:
Beim Kernobst längerer Zweig mit terminaler Blütenknospe, beim Steinobst langer Trieb mit terminaler Blattknospe und seitlichen Blütenknospen.

Fruchtspieß:
Kurztrieb mit terminaler Blütenknospe.

Garnierung:
Besatz von Knospen, Trieben, Fruchtkuchen usw. an Ästen.

Geiztriebe:
Sind wie vorzeitige Verzweigungen aus den Blattachseln entstehende Seitentriebe im Entstehungsjahr.

Gemischte Knospen:
Die beim Kernobst üblichen Blütenknospen, aus denen neben Blüten auch Blätter entstehen.

Glasigkeit:
Physiologische Störung bei z.B. zu starkem Wachstum, die dazu führt, daß sich die üblicherweise mit Luft gefüllten Hohlräume zwischen den Zellen des Fruchtfleisches mit Saft füllen. Durchschnittene Früchte weisen durchscheinendes Fruchtfleisch auf.

Griffel:
Bestandteil der weiblichen Blütenorgane; verbindet den Fruchtknoten mit der Narbe.

Hauptknospe:
Stark entwickelte, für den Austrieb vorgesehene Knospe.

Hochstämme:
An eine Mindeststammlänge gebundene Baumform. Bei Obstbäumen alle Bäume über 1,60 m Stammhöhe, bei Johannisbeer- und Stachelbeerstämmchen über 0,80 m.

Hohlkrone:
Eine Baumkrone ohne Mitteltrieb.

Holzkörper:
Vom Kambium nach innen gebildeter Teil des Sprosses und der Wurzel, in welchem das Wasser mit den darin gelösten Nährstoffen von der Wurzel zu den Blättern transportiert wird.

Internodien:
Teil des Triebes zwischen den Nodien.

Johannistrieb:
Eine bereits abgeschlossene Terminalknospe treibt im Frühsommer aus.

Kambium:
Zur Zellteilung befähigt bleibendes Gewebe, welches alle Teile des Sprosses und der Wurzel umgibt. Das Kambium bildet nach innen den Holzkörper und nach außen den Rindenkörper.

Kerben:
Sichelförmige Einschnitte in die Rinde über einer Knospe, um diese zum Austreiben zu bewegen.

Kleinklima:
Innerhalb eines großklimatischen Raumes entstehen durch lokale Gegebenheiten z.B. Seen, Hecken, Mauern, Gebäude etc. ver-

änderte klimatische Verhältnisse, das sogenannte Kleinklima.

Knospe:
siehe Auge

Knospenschwellen:
Erstes sichtbares Anzeichen des beginnenden Austriebes nach der Vegetationsruhe durch Dickerwerden der Knospen.

Knoten:
Die Stellen, wo an einem Trieb Augen gebildet werden, aus denen sich im kommenden Jahr Blüten oder Blätter entwickeln können.

Konkurrenztrieb:
Starker, steiler Trieb aus der Knospe, die direkt hinter der Knospe liegt, aus der die Triebverlängerung hervorgegangen ist.

Kopflastige Spindel:
Eine Spindel, die im oberen Bereich zu starkes Wachstum zeigt und deren Äste oben länger als unten sind.

Kopulation:
Veredlungsart, die bei gleich starken Veredlungspartnern angewandt wird und während der Vegetationsruhe möglich ist.

Krebs:
Pilzkrankheit, die zum Absterben der Rinde führt. Durch Versuche des Kambiums, die Wunde zu überwallen, entstehen krebsartige Wucherungen.

Kurztrieb:
Kurzer Trieb, der in der Regel früh mit einer Blütenknospe abschließt.

Langtrieb:
Langer Trieb, der in der Regel spät, meist mit einer Blatt-, seltener mit einer Blütenknospe abschließt. Bei blühwilligen Apfelsorten zum Beispiel bilden sich seitlich

am Langtrieb Blütenknospen, die später blühen und in Frostjahren von Bedeutung sein können.

Längskrone:
Kronenform, bei der nur Leitäste in Reihenrichtung aufgebaut werden.

Leitäste:
Sie bilden als direkte Verzweigungen des Stammes neben dem Mitteltrieb das Hauptgerüst der Krone.

Mitteltrieb (-achse):
Ist die Fortsetzung des Stammes und gehört so wie die Leitäste zum Hauptgerüst der Krone.

Narbe:
Bestandteil der weiblichen Blütenorgane. Auf der Narbe keimen die Pollen und wachsen durch den Griffel in den Fruchtknoten.

Nebenknospe:
Neben der Hauptknospe angelegte Reserveknospe, die bei Zerstörung der Hauptknospe austreibt.

Nodien:
siehe Knoten

Obstart:
Vereinfachte Bezeichnung für die Einteilung des Obstes nach dessen Beschaffenheit und Form, z.B. Kernobst, Steinobst, Beerenobst bzw. Apfel, Birne, Pfirsich etc.

Obstsorte:
Eine weitere Unterteilung der Obstarten, z.B. Obstart Apfel, Sorte 'Goldparmäne'.

Okulation:
In den Baumschulen im Sommer übliche Veredlungsart, bei der ein Auge mit einem Rindenstückchen in die Unterlage eingesetzt wird.

Pflanzschnitt:
Der unmittelbar nach der Pflanzung ausgeführte Schnitt, mit dem die spätere Kronenform festgelegt wird.

Pfropfen:
Veredlungsart, besonders für ältere Bäume, die im April bis Mai durchgeführt wird, sobald sich die Rinde der Unterlage löst, damit das Edelreis hinter die Rinde geschoben werden kann.

Physiologisches Gleichgewicht:
Gewünschter Zustand eines Baumes, bei dem Triebwachstum und Fruchtbildung so ausgeglichen sind, daß sich keines der beiden zu Lasten des anderen besonders vorrangig entwickelt.

Pollen (Blütenstaub):
Samen, der durch Wind- oder Insektenbestäubung für die Befruchtung auf die Narben gebracht werden muß.

Pyramidenkrone:
Kronenform mit Mitteltrieb und drei bis vier Leitästen, die nach allen Seiten gleichmäßig stark ausgebildet sind.

Quirlholz:
Stark verzweigtes, älteres, oft stark nach unten hängendes Fruchtholz, das häufig nur schlecht ernährte Früchte hervorbringt.

Reiter:
Am Scheitelpunkt eines nach unten gebogenen Astes steil nach oben wachsender Trieb.

Rindenkörper:
Vom Kambium nach außen gebildeter Teil des Sprosses und der Wurzel, in welchem die in den Blättern gebildeten Assimilate transportiert werden. Am Stamm erfolgt der Transport von oben nach unten.

Röteln:
Bei Süßkirschen sehr häufiger Vorerntefruchtfall, bei dem sich die Früchte vor der eigentlichen Reife rot färben und vom Baum fallen.

Rundkrone:
Kronenform, bei der im Gegensatz zur Längskrone alle Leitäste bzw. Fruchtäste nach allen Richtungen gleichmäßig stark erzogen werden.

Ruten:
Kurzlebige Triebe bei Halbsträuchern wie Brombeeren und Himbeeren.

Schlafendes Auge:
Vor allem an Astringen angelegte Augen, die oft erst nach Jahren durch einen besonderen Reiz (Schnitt) austreiben.

Seitenknospen:
Seitlich am Trieb angelegte Blüten- oder Blattknospen.

Seitentriebe:
Aus Seitenknospen wachsende Triebe.

Solitärgehölz:
Einzelstehendes Gehölz mit dekorativem Habitus.

Sommerschnitt:
Alle nach Abschluß des Triebwachstums am belaubten Gehölz durchgeführten Schnittmaßnahmen.

Spalier:
Aus Draht, Holz etc. errichtetes Gerüst zur Erziehung und Unterstützung verschiedener Spalierformen bei Obstgehölzen.

Spätfrostgefährdung:
Gefahr von Erfrierungen und Frostschäden an Blüten und Blättchen, die von spät im Frühjahr auftretenden Minustemperaturen droht, besonders bei früh austreibenden Arten und Sorten.

Sperren:
Veränderung des Astwinkels von Leitästen durch Auseinanderdrücken mit einem Spreizholz.

Spindel:
Kronenform, an der sich um den Mitteltrieb die Fruchtäste befinden. Lange Fruchtäste unten und kurze Fruchtäste oben ergeben die typische Tannenbaumform.

Sproß:
Gesamtheit der oberirdischen Baumteile.

Stamm:
Meist senkrechter Teil des Sprosses, vom Boden bis zum untersten Ast.

Stammverlängerung:
siehe Mitteltrieb

Staubgefäße:
Gesamtheit der männlichen Geschlechtsorgane einer Blüte, bestehend aus Staubfaden und Staubbeutel mit dem darin befindlichen Pollen.

Stauende Nässe:
Aufgrund schlechter Bodenstruktur nicht abfließendes Bodenwasser, das zu Sauerstoffmangel bei den Pflanzenwurzeln führt.

Ständer:
siehe Reiter

Steckholz:
Einjähriger Trieb, der zur ungeschlechtlichen Pflanzenvermehrung während der Vegetationsruhe zu zwei Drittel in den Boden gesteckt wird. Er bewurzelt sich, und es entsteht eine neue erbgleiche Pflanze.

Stockausschläge:
Austriebe aus dem Wurzelstock, die bei veredelten Gehölzen immer der Unterlagensorte und nicht der Edelsorte entsprechen.

Tellerkrone:
Speziell für den Zwetschenanbau entwickelte Rundkronenform, bei der die Mitte den Leitästen untergeordnet wird.

Terminalknospe:
Blüten- oder Blattknospen am Ende eines Triebes.

Trieb:
Einjähriges Organ eines Obstgehölzes.

Triebabschluß:
Beendigung des Wachstums eines Triebes durch Bildung einer Terminalknospe.

Triploide Sorte:
Meist großfrüchtige Sorten mit dreifachem Chromosomensatz, deren Pollen nicht keimfähig sind. Sie sind als Befruchter nicht geeignet.

Überbauen der Krone:
Wenn eine Krone die für die Belichtung wichtige kegelförmige Form verliert infolge unkontrollierten Wachstums im oberen Kronenbereich.

Überwallen:
Wundverschluß durch Zellteilung des Kambiums am Wundrand.

Unterlage:
Wurzel und Sproßstück bis zur Veredlungsstelle eines veredelten Obstgehölzes.

Vegetationsperiode:
Zeitraum des Wachstums vom Austrieb bis zum Blattfall.

Vegetationsruhe:
Zeitraum des Wachstumsstillstandes vom Blattfall bis zum Austrieb.

Veredeln:
Methode zum Vermehren erbgleicher Edelsorten durch Verwachsen zweier lebender Pflanzenteile von Pflanzen, deren Triebe sich schlecht bewurzeln.

Verjüngungsschnitt:
An einer seit längerer Zeit nicht geschnittenen Krone werden abgesenkte Leitäste auf Ständer aufgeleitet, mit denen dann die Leitäste neu aufgebaut werden.

Verkahlung:
Fehlende Garnierung an Ästen durch mangelnden Austrieb aus den Seitenknospen oder Fehlen von Seitenknospen.

Verlängerungstrieb:
Trieb aus der Terminalknospe oder bei Rückschnitt aus der letzten Knospe, der in die gleiche Richtung wächst wie der Trieb, aus dem er hervorging.

Vorzeitige Verzweigungen:
Triebe, die aus einem starkwachsenden Trieb im Jahr seiner Entstehung seitlich flach austreiben.

Wahrer Fruchttrieb:
Trieb, meist bei Pfirsichen und Nektarinen, der seitlich gemischte Knospen hat, d.h. entweder zwei Blüten- mit einer mittelständigen Blattknospe oder eine Blütenknospe mit einer begleitenden Blattknospe.

Wasserschosse:
Meist aus schlafenden Knospen lichtarm heranwachsende, lange Triebe mit weichem Holz und langen Internodien.

Winterschnitt:
Alle während der Vegetationsruhe am unbelaubten Obstgehölz durchgeführten Schnittmaßnahmen.

Wundkallus:
Vom Kambium zum Verschließen von Wunden und Verletzungen neu gebildete Holz- und Rindenzellen.

Wurzel:
Gesamtheit aller unterirdischen Gehölzteile.

Wurzelhals:
Oberirdischer Teil der Unterlage eines Obstgehölzes.

Wurzelschnitt:
Einerseits das Einkürzen der Wurzeln bei der Pflanzung eines Obstgehölzes, andererseits das Verringern des Wurzelvolumens eines zu stark wachsenden Baumes durch Abstechen der Wurzeln mit einem Spaten oder einem speziellen Wurzelschneidegerät.

Zapfen:
Ein beim Schnitt nicht restlos entfernter Trieb. Aus einer schlafenden oder schlecht entwickelten Knospe dieses Zapfens entsteht ein flacher Trieb, der meist mit einer Blütenknospe abschließt.

Zugast:
Beim Abwerfen größerer Kronen in ausreichender Entfernung zum Pfropfkopf belassener Ast, der die Ernährung des Baumes sicherstellt, bis die Edelsorte selbst ausreichend Blattmasse gebildet hat.

Zwischenveredlung:
Zwischenstück zwischen Unterlage und Edelsorte. Bei Unverträglichkeit bestimmter Birnen mit Quittenunterlagen wird zunächst eine verträgliche Sorte aufveredelt, auf die dann die gewünschte Edelsorte aufveredelt wird. Eine Zwischenveredlung kann auch z.B. eine schwachwüchsige Apfelsorte sein, die als Wuchsbremse die Wüchsigkeit der Unterlagen/Edelsorten-Kombination schwächen soll.

Jeder **Baum,**
der im Herbst
seine Früchte trägt,

jeder **Strauch,**
der voll nährender
Beeren hängt,
ist mehr als ein
Mensch, der sein Leben
ohne Nutzen
für andere dahinlebt.

Friedrich von Bodenstedt

Staatliche Bodenuntersuchungsinstitute

Deutschland

Pflanzenschutzamt Berlin
Altkircher Straße 1–3
14195 Berlin

Institut für Angewandte Botanik
Marseiller Str. 7
20355 Hamburg

LUFA Kiel/Landwirtschaftskammer
Gutenbergstr. 75–77
24116 Kiel

LUFA Oldenburg/
Landwirtschaftskammer
Mars-la-Tour-Straße 4
26121 Oldenburg

LUFA Hameln/
Landwirtschaftskammer
Finkenborner Weg 1 A
31787 Hameln

Hessische Landwirtschaftliche
Versuchsanstalt
Landwirtschaftliches
Untersuchungsamt
Am Versuchsfeld 13
34128 Kassel

LUFA Westphalen-Lippe
Nevinghoff 40
48147 Münster

LUFA Bonn/
Landwirtschaftskammer
Siebengebirgsstraße 200
53229 Bonn

Landes-Lehr- und Versuchsanstalt
für Landwirtschaft, Weinbau und
Gartenbau
Institut für Bodenkunde
Egbertstraße 18
54295 Trier

LUFA Speyer/Bezirksverband Pfalz
Obere Langgasse 40
67346 Speyer

Landesanstalt für
landwirtschaftliche Chemie
– Bodenabteilung –
Emil-Wolff-Straße 14
70599 Stuttgart

LUFA Augustenberg
Neßlerstraße 23
76227 Karlsruhe

Bayerische Hauptuntersuchungs-
anstalt für Landwirtschaft
85350 Freising-Weihenstephan

Bayerische Landesanstalt für
Bodenkultur und Pflanzenbau
– Landwirtschaftliches
Untersuchungsamt –
Herrnstraße 8
97209 Veitshöchheim

Österreich

Bundesanstalt für Bodenwirtschaft
Abt. Bodenuntersuchung
Denisstraße 31–33
A-1200 Wien (20. Bezirk)

Höhere Bundeslehr- und
Versuchsanstalt für Gartenbau
Grünbergstr. 24
A-1131 Wien-Schönbrunn

Landwirtschaftlich-chemische
Versuchsanstalt
Wieninger Str. 8
A-4020 Linz

Landwirtschaftlich-chemische
Versuchsanstalt
Rotholz
A-6200 Jenbach/Tirol

Landwirtschaftlich-chemische
Versuchs- und Untersuchungs-
anstalt
Burggasse 2
A-3020 Graz

Schweiz

Eidg. Forschungsanstalt für
Obst-, Wein- und Gartenbau
Bodenlabor
CH-8820 Wädenswil

Vereine und Verbände

Landesverband Hessen für Obstbau, Garten und Landschaft e.V.
Eichgärtenallee 1
35394 Gießen

Bundesverband
Deutscher Gartenfreunde
Siegfried-Leopold-Str. 6
53255 Bonn-Beuel
(nur Kleingärtner)

Verband der Gartenbauvereine
Saar-Pfalz e.V.
Kaiserstr. 77
66133 Scheidt

Bayerischer Landesverband für
Gartenbau und Landespflege e.V.
Herzog-Heinrich-Str. 21
80336 München

Bundesobstverband
Löelstr. 16
A-1010 Wien

Schnittkurse

Informationen dazu erhalten Sie
bei den örtlichen Volkshoch-
schulen, Kleingärtner- und
Gartenvereinen sowie bei den
Beratungsstellen der Land-
wirtschaftskammern und den
Kreisobstbauberatungsstellen.

Versand von Obstgehölzen

Pflanzen-Körner
Poppenbüttler Chaussee 92
22397 Hamburg

Rudi Hartmann
Postfach 1503
22421 Pinneberg

Peter Klock
Stutsmoor 42
22607 Hamburg

Hans W. Töbing
Postfach 110
23714 Malente

Gustav Schlüter
25335 Bokholt-Hanredder

W. Kordes' Söhne GmbH & Co
Rosenstr. 54
25365 Klein Offenseth

Uwe Horstmann
Rotenburger Straße
29640 Schneverdingen

Theodor Beaufays
Dyckburgstr. 403
48157 Münster

Fritz Herr
Bonner Str. 26–32
53340 Meckenheim

Wilhelm Ley
Baumschulenweg 9
53340 Meckenheim

J. Lambert & Söhne
Postfach 2565
54215 Trier

Conrad Appel KG
Bismarckstr. 59
64293 Darmstadt

Kayser & Seibert
Wilhelm-Leuschner-Str. 85
64380 Roßdorf

Fr. Häussermann
Schützenhausweg 43–47
70499 Stuttgart

Reinhard Hummel
Köstlinstr. 121
70499 Stuttgart

Robert Schneck
Fellbacher Str. 158
70736 Fellbach

W. Rall
72800 Eningen

Hermann Ulmer
Obere Grabenstr. 48–52
73235 Weilheim

Hans Götz
77761 Schiltach

Ammann Baumschulen OHG
Radolfzeller Str. 42
78256 Steißlingen

Klaus Ganter
Baumstr. 2
79369 Wyhl

Gerhard Baumgartner
Hauptstr. 2
84378 Dietersburg/Nöham

Samen-Schmitz
Karl-Hammerschmidt-Str. 14
85609 Aschheim

Alfons Berger
Lindauer Str. 38
88069 Tettnang

Bruno Vöhriger
Nelkenstr. 21
88094 Oberteuringen

Karl Vöhringer
Raiffeisenstr. 15
88094 Oberteuringen

Volker Teuchert
Zur Alten Schmiede 6
88693 Deggenhausertal

Hans Fenzl
Weinbergstr. 22
93413 Cham

B. Müllerklein
Postfach 1145
97753 Karlstadt/Main

Hermann Zulauf AG
CH-5107 Schinznach-Dorf

Obst- und Beerenzentrum Häberli
CH-9315 Neukirch-Egnach

Bezugsquellen für Schnittwerkzeuge

Löwe
Gebrüder Schröder GmbH
Postfach 6269
24123 Kiel

Schlemper GmbH & Co. KG
Postfach 110930
42669 Solingen-Ohligs

Wolff-Geräte GmbH
Wilhelmstr. 76
57518 Betzdorf/Sieg

Blount GmbH
Reinhardstr. 23
71116 Gärtingen

KME Agromax GmbH
Postfach 1230
79346 Edingen

Felco
J. Baier Vertrieb
Sonnenleite 3
82327 Tutzing

Gardena
Kress + Kastner
Postfach 2747
89017 Ulm

Adlus
Adlusstr. 2
89257 Illertissen

Nägeli AG
Postfach
CH-8594 Güttingen

Rund um den Biogarten

Förderverein für den
ökologischen Landbau
Alte Straße 7
15306 Worin

Ökoring Niedersachsen
Walsroder Str. 12
29683 Fallilingbostel

Permakultur-Institut
Ginsterweg 5
31595 Steyerberg

Verein zur Erhaltung der
Nutzpflanzenvielfalt (VEN)
c/o Ludwig Watschong
Ahornweg 6
34399 Arenborn

Maria Thun Verlag
(Aussaattage)
Postfach 1518
35216 Biedenkopf

Abtei Fulda
Nonnengasse 16
36037 Fulda

Bund für Umwelt und
Naturschutz
Im Rheingarten 7
53225 Bonn

Naturschutzbund
(ehemals DBV)
Postfach 200413
53190 Bonn

Forschungsring für biologisch-
dynamische Wirtschaftsweise
Baumschulenweg 11
64295 Darmstadt

Arche Noah
Postfach 139
A-3500 Krems

Arbeitsgruppe
Biogarten
CH-3436 Zollbrück

Schweizerische Gesellschaft
für biologischen Landbau
c/o Else Hitz
Kapellstr. 10
CH-5610 Wohlen

Pro Specie Rara
Schneebergstr. 17
CH-9000 St. Gallen

Register

Halbfette Seitenzahlen weisen auf Abbildungen hin.

Mit 141 Farbfotos von
Herbert Bischof, Oberteuringen: 10, 11, 14 u.,
16 u., 24, 27, 28, 29, 31, 34, 35, 36, 38, 41,
42, 44, 46, 49, 52, 53, 54, 55, 57 u., 59, 60,
61, 62, 64, 67, 72 o.r., 72 u.r., 75 o., 77, 78,
79, 81 o., 85, 88, 89, 92, 93, 97 o.l., 97 o.r.,
102, 103, 104, 105 o.r., 105 u.r., 108, 113,
115, 116, 120, 128 u.
Bildagentur Geduldig, Vaihingen/Enz: 8
Reinhard-Tierfoto, Heiligkreuzsteinach/Eiter-
bach: 2/3, 9 o.r., 14 o., 17, 23, 32, 33, 39, 56,
72 u.l., 73, 82, 87, 90, 91, 95, 97 u., 98, 100,
101, 105 l., 106, 109, 111, 112, 118, 121,
122, 123, 124, 125 r., 126 u., 127 o., 128 o.,
129, 130 o., 131, 132, 133 u., 134
Bildarchiv Sammer, Neuenkirchen: 9 u.l., 25, 26,
84 o., 99, 125 l., 126 o., 127 u., 133 o.
Robert Sulzberger, Freising: 12, 51, 57 o., 69,
75 u., 81 u., 84 u., 86, 114, 130 u.
Konrad Wothe, München: 16 o.

Mit 122 Farbzeichnungen von
Johannes-Christian Rost, Stuttgart: 20/21, 70/71
alle anderen von Horst Lünser, Berlin

Umschlaggestaltung von Atelier Reichert, Stuttgart, unter Verwendung von zwei Farbfotos von
Herbert Bischof, Oberteuringen

Die Deutsche Bibliothek – CIP-Einheitsaufnahme

Schnitt und Veredlung von Obstgehölzen /
Herbert Bischof. – Stuttgart : Franckh-Kosmos,
1993
(Kosmos-Garten-Bibliothek)
ISBN 3-440-06630-4
NE: Bischof, Herbert

Alle Angaben in diesem Buch sind sorgfältig geprüft und geben den neuesten Wissensstand bei der Veröffentlichung wieder. Da sich das Wissen aber laufend in rascher Folge weiterentwickelt und vergrößert, muß jeder Anwender prüfen, ob die Angaben nicht durch neuere Erkenntnisse überholt sind.

© 1993, Franckh-Kosmos Verlags-GmbH & Co., Stuttgart
Alle Rechte vorbehalten
ISBN 3-440-06630-4
Lektorat: Gudrun Braun
Herstellung, Satz und Lithografie: Concept GmbH, Höchberg bei Würzburg
Printed in Italy/Imprimé en Italie
Druck und buchbinderische Verarbeitung: Printers, Trento